井上光洋◆著
北川金秀◆編

# いま問い直す 斎藤喜博の授業論

教授行動の選択系列のアセスメントによる授業分析の方法

一莖書房

# 刊行にあたって――北川金秀

大阪大学大学院教授・東京学芸大学名誉教授、井上光洋《いのうえみつひろ》さんは二〇〇〇年八月四日、病により急逝された。救急車で運ばれた兵庫医科大学病院で、誰にも一言も遺さずに逝かれた。享年五八歳の若さだった。

東京工業大学工学部制御工学科を一九六七年三月に卒業した井上さんは、その年の九月から同大学工学部助手を四年間務めて、東京学芸大学教育学部に新設された附属教育工学センター（現附属教育総合センター）の講師として、そして、同センターに助教授、教授として二三年間勤めた。一九九四年十月から大阪大学に勤めていた。

井上さんの業績のひとつは、「教育工学」の研究の黎明期から推進役を務め、教師教育や科学教育と結びつけた「教育工学」の課題に国内外で取り組んできたことである。その中で井上さんは、教育実習を教師教育カリキュラムの全体構造の中に位置づけ、教育実習生だけでなく現職教員の授業の実践的能力の形成について提言をしてきた。

けれども、こうした井上さんの功績について私は全くといえるほど知らない。私が井上さんと話のできることは「斎藤喜博・島小学校の実践」についてだけであった。

井上さんが「斎藤喜博・島小学校の実践」にいつから関心をもつようになったかについて確か

なことはわからない。井上さんを知る人からは「斎藤喜博の授業論に本格的に取り組み始めたのは一九九〇年前後だろう」と伺ったことはあるが、確かなことはわからない。井上さんが「斎藤喜博に会ったことがない」と私に話したことがあったので、斎藤喜博が亡くなった一九八一（昭和五六）年以降かもしれない。あるいは、一九七八（昭和五三）年八月二八日に放映されたNHKのテレビ番組「教える」を観てからかもしれない。

井上さんがいつから「斎藤喜博・島小学校の実践」に関心をもつようになったのかについて私には関心がない。私の関心は「井上さんが斎藤喜博を研究対象に選んだのはなぜか」ということである。私の調べたところでは、井上光洋著『教育学大全集29　教育工学』第一法規・一九八四（昭和五九）年の「授業の設計」の章で大村はま先生と斎藤喜博先生を取り上げているのが最初である。そこには制御工学に豊かな見識をもった井上さんの研究姿勢が明確に次のように述べられている。

「――ベテランの教師の授業というのは、そこに見られるさまざまな知識・知見・考えが客観的に記述されることを通して、ほかの教師にとっても同様に実現・実施可能であり、伝達できるものとして受け止めたい。つまり、伝達可能なサイエンスとして受け止めなければならない。

ある先生だったらできるが、私にはできないとか、あるいはあの先生だからできるんだとか、おれだったらこれができるんだとかいうことではなく、授業一般についての知見を教育実践の中から得なければ、積み重ねのある共通の財産にしていくということはできないだろう。」（四八頁）

「――ベテランの先生だからできるという面も確かに否定はできないが、しかし、それを客観的に対象化することで、授業に関する一つの知見となる内容が豊富に含まれていると考えられるの

である。」（五八頁）

井上さんは「授業を伝達可能なサイエンスとして受け止めていく」という方法論を開発していく。井上さんは、教師の中における内面的・内観的な行動に着目したスノー（Snow.R.E）の理論、スノーの考え方を基に意志決定を含めた教授スキルを提案したシャベルソン（Shavelson.R.J）の理論を基に、一九九〇年に入り、「教授行動の選択系列のアセスメントによる授業分析の方法」を提案する。この「教授行動の選択系列のアセスメントによる授業分析の方法」については本書に収めた論文に詳しく述べられているが、その骨子に当たる部分だけを先に紹介しておく。

「（授業の）実践的能力を高めていくような目的に対しては、結果の良し悪しというういわゆる評価（evaluation）よりも、教授・学習過程のそれぞれの時点でとることが可能な授業展開と教授行動を予測し、その中から最適なものを選択していくという教授行動の選択に焦点をあてた評価（アセスメント assessment）の概念を適用したほうがより適切であると考えられる。具体的には、ある教授行動ないし、授業技術の授業過程のその時点における状態・意味・意図と関連した行動選択を比較対照していくような方法的アプローチを取り入れることである。」（本書一四頁）

本書は、次のような願いをもって刊行にあたった。

① 井上さんが自ら開発した方法論を駆使して進めた「斎藤喜博の授業論」「島小学校の授業」についての研究成果を整理して残したい。

② 井上さんの研究成果をこれからの教育研究の資料として活用してほしい。
③ 学生や教師、学校教育現場と協同する研究者の行う「マイクロティーチング」「シミュレーションゲーム」「ロールプレイ」の参考してほしい。
④ 井上さんの開発した「教授行動の選択系列のアセスメントによる授業分析の方法」は、授業を越えた人間関係や生き方にも応用できる哲学的な方法であり、学校教育とは無縁な多くの人たちにも紹介したい。

なお、書名を「いま問い直す『斎藤喜博の授業論』」としたのは、井上さんが日本教育学会第五〇回大会（一九九一年）から五六回大会まで七回連続して企画したラウンドテーブルのテーマが「いま問い直す『斎藤喜博の授業論』」であったことによる。井上さんは「温故知新」を生き方のひとつとしてとても大事にしていた。ラウンドテーブルを企画した井上さんの決意と願望を想う時、「いま問い直す＝温故知新」と私には読める。

本書の編集において断っておかなければならないことがある。井上さんの「斎藤喜博・島小学校の授業」に関する論文は後に列記している通りであるが、本書に収める論文等の選択は私の責任において行った。また、井上さんの論文の記述には重なりが多く見られる。たとえば、A論文の一部がB論文の一部にあったり、C論文の一部とD論文の一部がE論文の多くの部分になっていたりしている。そのために、本書の出版の願いを物差しにして私の判断で論文の一部を削除しているところもある。このことについては、全面的に私の責任であることを断っておく。

〈井上さんの「斎藤喜博・島小学校の授業」に関するの論文一覧〉


「斎藤喜博の模擬授業の分析」『東京学芸大学紀要』第一部門・第四一集、六九頁〜八五頁、一九九〇年。

「斎藤喜博の介入授業の分析　分析の方法論的視座一」『東京学芸大学紀要』第一部門・第四一集、八七頁〜一一二頁、一九九〇年。

「斎藤喜博の解説授業の分析」『東京学芸大学紀要』第一部門・第四二集、三三頁〜四五頁、一九九一年。

「斎藤喜博の詩の授業『ふるさと』の分析」『東京学芸大学紀要』第一部門・第四二集、四七頁〜五七頁、一九九一年。

「斎藤喜博の横口授業『山の子ども』の分析」『東京学芸大学紀要』第一部門・第四三集、二九頁〜四二頁、一九九二年。

「船戸咲子の国語授業『美を求めて——レオナルドの『最後の晩餐』』の分析」『東京学芸大学紀要』第一部門・第四四集、一頁〜二三頁、一九九三年。

「武田常夫の国語授業『天下一の馬』の分析」『東京学芸大学紀要』第一部門・第四四集、二五頁〜四一頁、一九九三年。

「杉本和子の社会科授業『みち』の分析」『東京学芸大学紀要』第一部門・第四五集、三五三頁〜三六九頁、一九九四年。

「写真集『未来誕生』の『授業の型』の分析」『東京学芸大学紀要』第一部門・第四五集、三七一頁〜三九一頁、一九九四年。

「教授行動の選択系列のアセスメントによる授業研究方法」『日本教育工学雑誌』第一八巻第三／四号、一三三頁〜一二二頁、一九九五年。

「島小学校の授業の分析（一）」『東京学芸大学紀要』第一部門・第四六集、二六七頁〜二八三頁、一九九五年。

「斎藤喜博の横口授業『山の子ども』の模擬・復元」『東京学芸大学紀要』第一部門・第四六集、二八五頁～三〇九頁、一九九五年。

「武田常夫の『文学の授業』の分析」『大阪大学人間科学部紀要』第二二巻、三六七頁～三八四頁、一九九六年。

永田智子と共同執筆「新しい学力観に基づく島小学校の授業分析　海東照子の家庭科実践を通して」日本教育方法学会『教育方法学研究』第二一巻、一七九頁～一九一頁、一九九六年。

山口好和と共同執筆「武田常夫の『文学の授業』の分析――太宰治『走れメロス』を題材として」『大阪大学人間科学部紀要』第二三巻、三三頁～四七頁、一九九七年。

西森章子・山口好和と共同執筆『武田常夫の『文学の授業』の分析（四）大きなしらかばとカシタンカ」『大阪大学人間科学部紀要』第二五巻、一六一頁～一七四頁、一九九九年。

北川金秀と共同執筆「武田常夫の授業論――『未来につながる学力』の提案した授業論」『大阪大学人間科学部紀要』第二六巻　三一頁～四三頁、二〇〇〇年。

目次

写真・川島 浩

# 第一章

## 教授行動の選択系列のアセスメントによる授業分析方法

戦後民主主義教育の原点に立って教育実践をしてきた斎藤喜博は、独自の授業論を展開してきた。方法論的には、横口授業、介入授業、模擬授業、模擬授業への介入などを経験と実践の中からあみだしてきた。横口、介入の行動は、授業者の教授行動への対案であるとみなし、ある教授行動の結果、つまり、子どもの反応・応答を予測し、別の教授行動を提案しており、「介入授業の記録」の分析から「教授行動の選択系列のアセスメント」という授業分析方法を開発し、これを写真集『未来誕生』にある授業記録に適用して、授業の展開過程の枠組を模擬・復元することができた。この方法は、他の授業の分析、授業研究、授業改善にも適用でき、有効な授業研究方法であるとの知見を得た。

キーワード：アセスメント、授業分析、授業研究、授業モデル、教授行動、シミュレーション

## 1　斎藤喜博の授業論――問題の所在

戦後民主主義教育の原点に立って教育実践をしてきた斎藤喜博は、群馬県島小学校、境東小学校、境小学校の校長として独特な授業論を展開してきた。とくに基礎学力として国語・体育・音楽を重視し、子どもたちから表現力を引き出し無限の可能性を秘めた子どもの潜在能力を引き出そうとした。退職後、全国各地の学校に入り、また、宮城教

育大学を中心に教育系大学で、教授学の講義・演習を行ってきた。この間、斎藤喜博の授業実践に対して、いわゆる「出口」論争、跳箱論争、ゆさぶり概念についての論争がくり広げられてきた。

そして筆者はこれらの論争に終止符をうつために、論争となった授業の展開過程を模擬・復元することによって、論争の核心に迫り、解決しようとした。

そこで斎藤喜博が残した著書、授業記録と教材解釈論をふまえ、現職時代の授業研究法としての横口授業、退職後の介入授業・模擬授業・模擬授業への介入に着目し、横口、介入、模擬授業の一連の授業研究方法に共通する概念である授業展開の予測と、教師が最適な教授行動を選択する意思決定という視点から授業分析をした。

斎藤喜博の横口、介入の行動は、授業者の教授行動への対案であり、授業者の教授行動の結果、つまり子どもの反応・応答を予測し、対案である教授行動を提案しているとみなすことができる。すなわち、いくつかの教授行動のレパートリーからひとつの教授行動を選択するという意思決定である。したがって、授業過程の中で、子どもの状況を知覚し、教授行動を連続的、遷移的に選択していく系列であるといえる。そこで、斎藤喜博の授業記録、とくに介入授業の記録から、教授行動の選択系列のアセスメントという授業分析方法が開発された。

## 2　実践的能力の訓練方法としてのアセスメント

授業の実践的能力や授業技術の分析研究や訓練方法として、マイクロティーチング、シミュレーション、ゲームなどさまざまな方法が提案されてきている。しかしながら、これらの方法は教師や教育実習生が自分の教授行動を変容でき、授業技術を改善し、さらに自分自身の対応行動のレパートリーを拡大していくという目的に対して、養成段階においては一定の役割を果たすが、日本においては、教師となってからの自己研修・研究には直接的に結びつけにくい方法である。実践的能力を高めていくような目的に対しては、結果の良し悪しというい わゆる評価（evaluation）よりも、教授・学習過程のそれぞれの時点でとることが可能な授業展開と教授行動を予測し、その中から最適なものを選択していくという教授行動の選択に焦点をあてた評価（アセスメント assessment）の概念を適用したほうがより適切であると考えられる。具体的には、ある教授行動ないし、授業技術の授業過程のその時点における状態・意味・意図と関連した行動選択を比較対照していくような方法的アプローチを取り入れることである。

このような考え方に基づき、これまでに、アセスメントによる授業研究の方法を提案してきた。その基盤としての授業研究の目標に関する方略は、①授業実践を対象化し、他の教師に自己の実践の知見を伝達することができるようにする。②授業実践を通して自己の授業を評価し、自己教育力を養成する。③教師としての授業の実践能力の開発を目指す、の三点である。その具体的方法は、授業の学習指導案、プロトコール、授業ビデオを基に、授業場面をいくつかの意思決定過程のステージに分割し、その時点で取り得る教授行動の選択系列をアセスメントすることにより、授業の構造をはじめ、授業技術として成立する教授行動を明らかにするというものである。

すなわち、時々刻々流れていく授業過程において、ある教授行動ないし教授スキルの遷移過程・状態における意味、意図と関連した選択可能な教授行動の間で比較対照していくような方法的アプローチが必要であろう。一応、教授行動の選択系列のアセスメントによる授業分析研究として、次のような前提条件と仮説によりアセスメントの方法の開発が進められている。

① 授業は、教師の意思決定過程における教授行動の選択系列として見なすことができる。

② 授業は、教師と子どものコミュニケーションと、その相互作用として見なすことができる。

③ 授業は、教師の教材解釈に基づく子どもへの働きかけによって、学習場面を設定することができる。

④ 教材は教師の自己への問い直しによって、また子どもにぶつけてみて、初めて教材として機能し成立する。

⑤ 教育の営みは社会的な相互作用であり、学校教育における授業はその一部分を形成している。
⑥ 授業を通じて、子どもの自己主張とともに、自らと同じ人間がすべての希求をもっていることを認識する過程である。
⑦ 授業は、教師が学問・芸術の体系を子どもの発達段階に即して再編成し、教授と学習の結果を評価することを含める。

## 3 アセスメントによる授業改善

### (1) 教授行動の選択系列のアセスメント手法モデル

これまで述べてきたように、アセスメントとは、授業場面をいくつかの意思決定過程における新たな教授行動の選択のステージに分割し、その時点で取り得る教授行動の選択肢を提案し、その教授行動の選択系列のアセスメント（それぞれの時点で可能な方法を予測し、その中から最適なものを選択していくこと）により、教授行動の系列の構造をはじめ、教授行動として成立する教授スキルを明らかにしようとするものである。

すなわち、授業の状態$i$における教師の可能な選択行動$S$は$j$通り考えられるので、$S_{i,j}$と書ける。その時の学習者の反応系列$R$はk通り考えられるので、$R_{i,j,k}$と書ける。すると授業は、

図1　授業展開の予測と教師の意思決定（教授行動の選択）に基づく「教授行動の選択系列のアセスメント」のための授業モデル

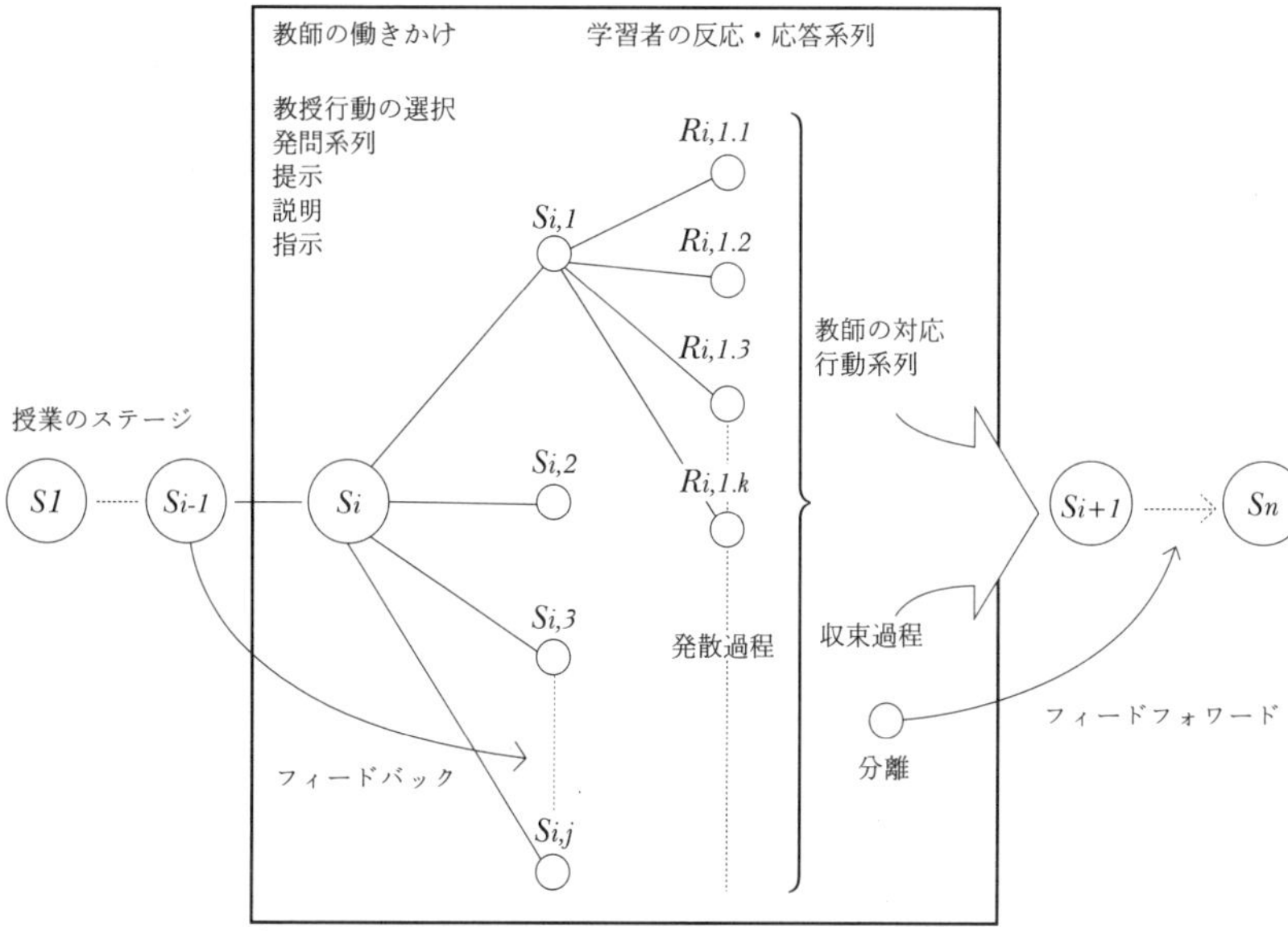


$Si$　：意思決定をする授業のある状態
$Si,j$　：可能な教授行動の選択行動の選択肢と選択行動
$Ri,j,k$：予想される子どもの反応と反応系列

$[S_{i,j},\ R_{i,j,k}]$

として表すことができる。通常の四〇～四五分授業では、$i$は二〇前後であろう。アセスメントによる授業改善の方法は、授業記録に基づき、教授行動の選択系列として$Si,j,$を再検討することであるともいえる。

授業過程のひとつのステージを模式的に書いたものが図1で、次のように定義することができる。

① 授業は、教師と子ども、子どもと子ども間のコミュニケーション過程である。

② 新たな教授行動による、発散と収束していくステージの遷移過程である。

③ 前のステージのことと結びつけ、かつそのステージで分離したことを先送りするフィードバックとフィードフォワードの過程である。

可能ないくつかの教授行動間のメリット・デメリットの有効性を比較検討し、また実際の教授行

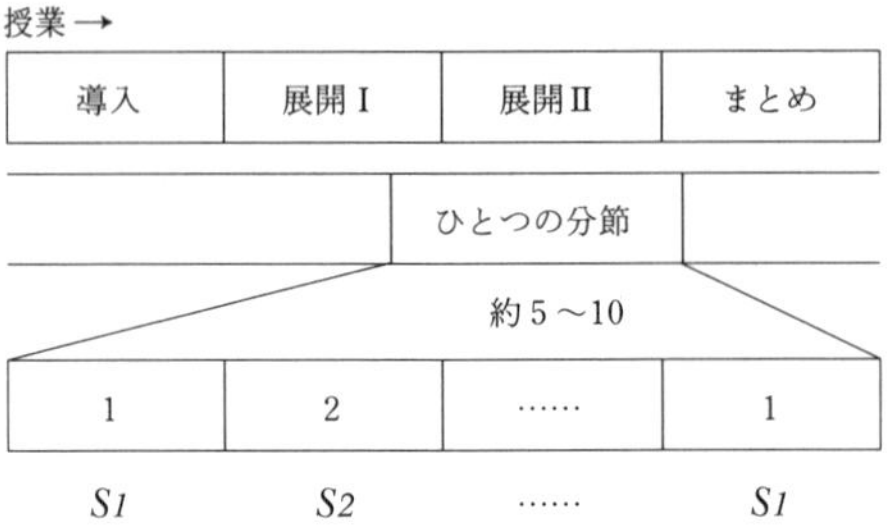


図2　授業における分節（エピソード）とステージ

動と、その授業の時点で可能な対案となるいくつかの教授行動を評価して、さらにある教授行動を選択した時の子どもの反応・応答を予測し、それに対応行動（対応策）を意図的に創り出し、授業過程を模擬（シミュレーション）しながら評価（アセスメント）していく手順・手続きをとっていくのである。

### （2）授業のステージの分割の方法

一般に授業は、いくつかの分節（エピソード）に分けられ、導入・展開（Ⅰ、Ⅱ）・まとめという一連の流れ、あるいは、起承転結をもたせるなど、ひとつのまとまりのあるもの・現象として設計・分析されてきている。

しかしながら、授業のある状態における教師の働きかけ、すなわち意思決定という視点から見ていくと、分節自体がひとつのまとまった流れであっても、いくつかの意思決定をする状態の遷移過程としてとらえることができる。その遷移過程は、これまで授業分析の手法として開発された発問過程と教授スキルときわめて一致した授業モデルを構成することができる。

以上の視点により、授業のステージを分割してみると、授業における分節とステージの構造は図2のようになる。この図において、この意思決定をする状態を仮にステージ*SI*と名付けている。

このような授業の分節とステージの構造に基づいて、授業のステージ分割方法の視点をまとめると、次のようになる。

①　あらかじめ計画された（意思決定）情報提示、発問などの教授行動あるいはひとつのまとまりのある教授行動の系列

②　授業の流れの中で子どもの表情・ふるまい・様子（キュー、cue）を知覚してあらかじめ計画した対応行動を修正する、あるいは子どもの反応・応答に即して逐次修正していく教授行動

③　子どもの反応・応答の学習行動およびひとつのまとまりのある学習行動の系列、また学習状況における教師の意思決定

④　ステージ間で関連のある教授行動、関連する教授・学習行動、あるいはひとつのまとまりのある行動系列（授業の発散過程から収束過程において分離された行動、または状態、あるいは強い連結のあるステージ間の関連）

⑤　ひとつの授業（四〇～四五分）あたり四～五分節（エピソード）、一分節で五～八ステージ、したがって一時限授業あたりのステージ数は二〇前後である。

## 4　アセスメント方法の課題

専門職としての教師の実践的能力・知識・技術・技能は、意識的・意図的に求めて初めて獲得できる能力である。

これは他の専門職と同様で、教えられて獲得できる知識・技術には、適用に限界がある。

意識的・意図的な状況をどのようにして設定するか、これは新しい学力観と同じ課題を背負っている。したがって、教師教育カリキュラムと関連させながら、教師の実践的能力をベースとしたアセスメント手法（competence based assessment techniques）の開発が期待されている。

そして、島小学校の学習指導案や授業記録（昭和三〇～三七年度）、大村はまの著書を分析すると、次のようなことが記述されている。

① 刻々と変化していく授業過程を予測し、有効な手だてを打ち、発問間の関連、展開方法を記述している。

② 対立する教材解釈を子どもにぶっつけ、子どもの発想・考え・意見を対立・統合する授業を展開している。

③ ひとつの対応策だけでなく、意図的・意識的ないくつかの対応策のレパートリーをもっている。

これは、授業の過程決定ともいえる。近藤次郎が提案している過程決定計画図（PDPC, process decision program chart）の発想と類似しているところがある。したがって、今後の課題として、①実践的能力をベースとしたアセスメント、②授業の過程決定、の二つを組み込んだ新しい授業分析方法ないし授業研究方法の開発が期待される。

授業の過程決定の仮説は、

① 授業者の意図的・意識的ストラテジーを表現できる。
② 授業展開の予測と先手を取ることができる。
③ 教師の経験をデータベースにして生かすことができる。
④ 授業は単なる発散・収束の過程ではない。個々の子どもの考え、発想は異なるので、授業過程は同時並行であり、分岐・統合の過程でもある。
⑤ 授業の山場、最重点となる学習場面を設定することができる。

したがって「教授行動の選択系列のアセスメント」の授業モデルに加えて、実践的能力基準をベースとしたアセスメント手法、および過程決定による研究方法の開発が必要となってくるであろう。

〈参考文献〉


井上光洋(一九八四)『教育工学・教育学大全集』二九巻、第一法規。

井上光洋(一九九〇a)「斎藤喜博の模擬授業の分析」東京学芸大学紀要第一部門、教育科学、41: 69-85。

井上光洋(一九九〇b)「斎藤喜博の介入授業の分析」東京学芸大学紀要第一部門、教育科学、41: 87-102。

井上光洋(一九九一)「斎藤喜博の解説授業の分析」東京学芸大学紀要第一部門、教育科学、42: 33-45。

井上光洋(一九九二a)「斎藤喜博の横口授業『山の子ども』の分析」東京学芸大学紀要第一部門、教育科学、43: 29-42。

井上光洋（一九九二b）「『斎藤喜博の介入授業の記録』の『教授行動の選択系列のアセスメント』による設問」文部省科学研究費補助金一般研究（B）研究資料、東京学芸大学、pp.1-306。

井上光洋（一九九三a）「船戸咲子の国語授業『美を求めて——レオナルドの『最後の晩餐』』の分析」東京学芸大学紀要第一部門、教育科学、44: 1-23。

井上光洋（一九九三b）「武田常夫の国語授業『天下一の馬』の分析」東京学芸大学紀要第一部門、教育科学、44: 25-41。

井上光洋（一九九三c）「教授行動の選択系列のアセスメントによる授業研究方法の開発」日本教育工学会第九回大会講演論文集：272-273。

井上光洋（一九九四a）「杉本和子の社会科授業『みち』の分析」東京学芸大学紀要第一部門、教育科学、45: 353-365。

井上光洋（一九九四b）「写真集『未来誕生』の「授業の型」の分析」東京学芸大学紀要第一部門、教育科学、45: 371-391。

井上光洋（一九九四c）「教授行動の選択系列のアセスメントによる授業研究方法の開発（二）」教育工学関連学協会連合第四回全国大会講演論文集、第二分冊：272-273。

井上光洋（一九九五a）「島小学校の授業の分析（一）斎藤喜博校長の武田常夫の『短歌』授業への横口の分析」東京学芸大学紀要第一部門、教育科学、46: 277-293。

井上光洋（一九九五b）「斎藤喜博の横口授業『山の子ども』の模擬・復元」東京学芸大学紀要第一部門、教育科学、46: 295-319。

川島浩、斎藤喜博（一九八六）写真集『未来誕生』（復刻版）、一莖書房。

近藤次郎（一九八六）『意思決定の方法ＰＣＰＤのすすめ』ＮＨＫブックス394、日本放送出版協会。

大村はま（一九七三）『教えるということ』共文社。

斎藤喜博（一九六三）『授業入門』国土社。

斎藤喜博（一九六三）『授業』国土社。

斎藤喜博（一九六四ａ）『授業の展開』国土社。

斎藤喜博（一九六四ｂ）『島小物語』麦書房。

斎藤喜博（一九六九）『教育学のすすめ』筑摩書房。

斎藤喜博（編著）（一九八六）『介入授業の記録（上、中、下、続、続々）』一莖書房。

# 第二章

## 斎藤喜博の横口授業「山の子ども」の授業場面の模擬・復元・分析

井上さんの一周忌に「井上光洋先生を偲ぶ集い実行委員会」が編集・発行した『偲ぶ　井上光洋先生』に、有園格氏は、井上さんからの手紙の一部を寄せている。

「さて、出口論争と跳箱論争について教授行動の選択系列のアセスメントの方法により授業場面をシミュレーションしたところ、きれいに整理分析することができました。解明の過程で斎藤喜博という人間の想い、願いがひしひしと感じられ、まさにかくされた授業へのストラテジー、プログラム学習よりも、もっとプログラム化された教授行動、授業技術が明らかになりました。まだ文章に書けない部分もたくさんありますので、肉付けをしています。」（一九九〇年十月十二日記）

また、同じ本に、生田孝至氏は次のように寄せている。

「この日、写真家、川島浩さんに会いに彼は行った。写真集『未来誕生』（文：斎藤喜博、写真：川島浩）は教育実践の記録としては希有のものである。この中に、例の『出口』の授業の写真が数枚入っている。井上先生は、その写真の順序を見ていて、これは授業の流れと違うのではないかと感じた。何度か、そのことを私に話した。出口論争の諸々は当時の雑誌で読んではいたが、その授業の流れと写真との関係は、私にはよく分からなかった。彼は『未来誕生』を数冊購入し、それをばらして、写真を並べて、毎日にらんでいた。そして、授業の流れに沿うとすると、この写真の順序はどうなると自然か、と問うたのである。想定される順序を、私にもやるように言って、最終的に三組の仮説に収斂した。それを持って、この日、川島さんに会いに行ったのである。

『何しに来た。何でおかしいと思うのか。』との川島さんの質問に、ぼそぼそと答えたことは想定できる。川島さんが奥様に『酒買ってきて』と言ったのは、まもなくのようである。後は、二人で酒を呑んで、斎藤喜博を語り、島小を語ったとのこと。」

「写真の順序を見ていて、これは授業の流れと違うのではないかと感じた」井上さんは、「教授行動の選択系列のアセスメントの方法により授業場面をシミュレーションし」「想定される順序」を川島浩氏に確かめに行ったのであろう。それは、自ら開発した方法論に確信を得たかったことでもあったのであろう。そして、「二人で酒を呑んで、斎藤喜博を語り、島小を語った」後、川島浩氏が井上さんに「学会レベルで研究を進めてください」と期待を表し、協力を約束したとのことである。

井上さんは、日本教育学会第五〇回大会（於：東京大学、一九九一年）でラウンドテーブル「いま問い直す『斎藤喜博の授業論』」を企画し、以来七年連続してラウンドテーブルを企画し、「斎藤喜博」について学会レベルでの研究を進めてきた。

ここには、①井上さんの自筆メモ、②川島浩氏に会いに行く前に作成したと思われる井上さんのメモ書き「斎藤喜博の横口授業『山の子ども』の授業場面の模擬」、③「斎藤喜博の横口授業『山の子ども』の模擬・復元（東京学芸大学紀要、第一部門、第四六集、一九九六年）」、④「斎藤喜博の横口授業『山の子ども』の分析（東京学芸大学紀要、第一部門、第四三集、一九九二年）を載せた。【北川】

これはこれは井上さんの研究資料の中にあった自筆のものである。有園氏に手紙を書いた前後、生田氏と写真の並べかえをしていた頃に書かれたものであろう。【北川】

# 一、井上さんの自筆メモ

いわゆる「出口論争」に決着をつけるためには、またそれを分析していくには、次のことが必要だと考える。

① 島小時代における「横口授業」の分析。『授業入門』に典型的事例が十以上記述されているので、この横口授業を先ず分析し、横口授業の構造を解明する。島小での横口授業は介入授業と見ている。このことは武田常夫『喜博抄（一九）――斎藤喜博の思い出』（筑摩書房）で明らかである。（すでに分析済）

② 斎藤喜博・川島浩『未来誕生』での横口場面の写真で、子どもたちは教科書「あたらしいこくご三年（Ⅱ）」の何頁のどこを見て討論しているのか。（ほとんど解明済）

③ 川島浩氏が、NHK放映「時代の中の教師像 斎藤喜博」（一九八四年六月二〇日20:00~20:45）で、『未来誕生』の写真を基に解説している。これも重要な手がかりで、写真の順序も授業の展開過程も示していると思われる。

④ 横口授業の前の赤坂里子さんの「山の子ども」の授業も『未来誕生』に記述されているので、これも重要な資料である。

⑤『授業』（国土社）は、横口授業の場面について一番詳しく記述されているので、これを基に横口授業の場面を模擬することによって、すなわち横口授業の展開過程を解明することによって、出口論争をこれまでとは異なった視点から再考して、問い直していく。

⑥『未来誕生』の写真から

a　教科書　四六〜四七頁を問題にしている。

「ね、三人で　これから　行って　みようよ。」

まさおさんは　山道の　中ほどから　森の　方へ　ひとりで　どんどん　はいって　行きました。あきおさんも　みよ子さんも　ついて　行きました。

b　また、教科書　五〇〜五一頁も問題にしている。

「まさおくんは　あの　大きな　けやきの木の　所から　森の　方へ　行って　しまって……」

「けやきって　あの　大きな　岩の　そばにある　けやきかね。」

「そうです。」

これは「森の出口」を子どもたちに考えさせた時、少なくともこの二つの箇所を問題として取り上げながら授業を展開しているという事実を読み取ることができる。いわゆる「ゆさぶり概念」のカギもここにあると考えられる。

c　さらに、教科書　四四〜四五頁を見ているのは、まさおくんが森に行きたい気持ち、それを抑えられない気持ちを思い起こさせ、何で「山道の　中ほどから

森の　方へ」とあるのかを突き合わせて考えさせたと推測できる。

⑦「介入授業」の分析の際に開発した小生の「教授行動の選択系列のアセスメント」の方法により、一応仮説的に、横口授業の模擬（シミュレーション）を試みた。これはあくまでたたき台である。

⑧『未来誕生』と『授業』の口絵、『斎藤喜博の仕事』とでは写真の順序が異なるので、このことについては、写真家・川島浩氏に尋ねなければならない。

⑨「横口授業」「介入授業」「模擬授業」は斎藤喜博が自らの授業実践、教育実践の中から開発し、創造してきた授業研究の方法論である。そこには、教材解釈に基づく子どもへの働きかけ、子どもからの反応、応答への対応、および解明行動という一連の授業展開の「予測」と「意思決定」の概念がキーワードになっている。したがって、「予測」「意思決定」が斎藤喜博の授業論の中核的な概念といえよう。しかし、この側面からの分析はほとんどないといってよい。

⑩　斎藤喜博は、ある授業場面において、つねに三つ以上の選択可能な教授行動をもっていたことが解明している。このことは斎藤喜博の哲学のようなもので、いつも机の引き出しにしまっておいたと考えられる。安易にこれらを公表すると授業のハウツーになってしまうと恐れていた。教授学建設は事実を積み上げて初めて成立することを確信していた。（例：『教育学のすすめ』一一～一二頁）

## 二、斎藤喜博の横口授業「山の子ども」の授業場面の模擬

これはコピーした写真を張り付けた井上さんの自筆によるメモ書きである。井上さんの研究資料の中にあったものである。「1990.11.28（木）11:30AM 川島浩宅」とメモ書きされた付箋が張り付けてあった。太字で示す頁・行数は写真集『未来誕生』『授業』の記述から確認・推定できる「(下段の) 教師と子どもの行動・発言」の根拠となる部分を示している。【北川】

写真集『斎藤喜博の仕事』

（斎藤喜博・川島浩、国土社、一九七六年）

『授業』八頁一五行～九頁三行

**教師の攻撃と自分の考えをつくる子ども**

写真16から写真28までは、一九五九年の三年生の授業場面である。この時の授業内容は、『授業』にくわしく書いてあるが、「出口」という言葉について、子どもたちの考えは教師に攻撃されている。16から21までの写真は、その時の一人の子どもの表情の変化である。

---

教師と子どもの行動・発言

C1　森の出口の「出口」は、森が終わったところだよ。

C2　木がなくなったところで、草が生えているところまで来たんだよ。

C3　山道が見えるんだよ。もう木がないから。

（森とそうでないところとの境が「出口」だ）

『未来誕生』一二七頁（上）
『教科書』五〇～五一頁、四八～四九頁
『授業』六頁四行～九頁五行

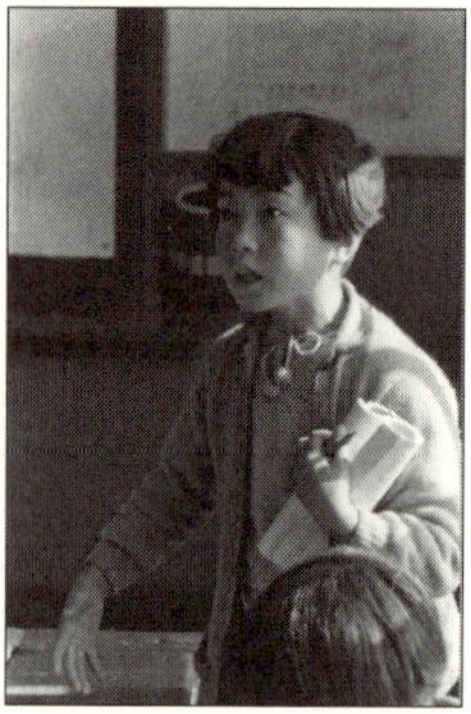
16

『未来誕生』九七～九八頁
『教科書』四八～四九頁
『授業』写真②、九頁六行～九頁九行
九頁一〇行～九頁一二行

16は異質な教師の考えに驚愕して立ち上がっている。
17、18は、教師の考えを破れず、また、理解もできないので困惑している。

『未来誕生』一二四頁（上）（下）
『教科書』四七頁

17

---

T1　そんなところは出口ではない。
　みんなが言っている「出口」はここなんだけど（図を指す）、先生はこっちも「出口」だと思うよ。

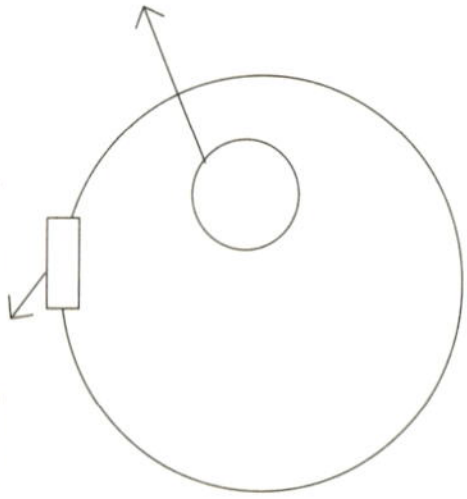


C1　沈黙（びっくりして立ち上がる。腰を浮かせて呆然とする。教室全体は驚きと緊張でいっぱい）
C2　森の「出口」って、ちゃんと書いてあるんだから、はっきりした「出口」のところがあるんだよ。
C3　森の中に「出口」があるなんて、そんなことはない。おかしいよ。
C4　森に入って行ったところが「出口」なんだよ。これは、はっきりしているよ。
C5　「やっと」ってあるから、森に入った元のと

18

『授業』写真③④
『授業』九頁三行～一〇頁一行
『未来誕生』一二五頁
『教科書』四七頁

写真23の男の子の、困って枯木のようになっている手も注目される。

『授業』一〇頁二行～一〇頁三行

23

写真の番号が前後しているのは井上が実際の順序に並べ変えたからである。【北川】

---

ころに戻って来たのだよ。そこが「出口」だよ。

T2　同じ言葉でも、解釈は一つではない。この文章では、私の方が正しいと思う。

C1　沈黙（困惑。しょんぼりすわる。考え込む）

C2　斎藤先生はどうして森の中に「出口」があるというのかな。わかんないな。

C3　どうしてここが「出口」ではないんだろうか。やっぱり、ここ（図の□の部分）が「出口」だよ。

C4　まさおさんたちが森に入って行ったところはどこだったろう。山道の途中から……。

C5　山道の途中から森に入るところがあるのかなあ。

C6　まさおさんはどうしてこんなところから森に入ったんだろう。

C7　学校の帰りにでも、お父さんが森から出て来

『未来誕生』一二三頁（上）
『教科書』四四〜四五頁
『未来誕生』一二六頁
『教科書』四四〜四五頁

---

るのを見たんじゃない。

C8　「森の方へ」ってあるから、「方へ」っていうのは、なんかぼんやりとした言い方だね。

C9　毎日森の中のことばかり考えていて、行きたくてしょうがなかったから、山道の途中から、もしかしたら、ちゃんとした道なんかないんじゃないの。

C10　だからさ、自分の気持ちをどうすることもできなくて、こんなところから森に入って行ったんじゃない。

C11　お父さんから森に行っちゃダメって言われているから、お父さんがいつも森に行くところをわざと行かなかったのよ。見つかればおこられるからさ。

C12　まさおさんが帰って来なかったので、お父さんたちが道をたずねた時、「まさおさんはあの大きなけやきの木のところから森の方へ入って行ってしまって」とあるから、ここでも「森の方へ」と書いてあるね。

25

25の女子は、自分の考えを作り出し、嬉しそうに教師に反駁している。

27

『未来誕生』一二七頁（下）

C13　子どもはさ、大きなけやきの木が目印なんだけど、森で仕事をしているお父さんたちは森をよく知っていて、「大きなけやきの木」じゃなくて「大きな岩」が目印なんだよ。森なんだから「大きなけやきの木」なんてどこにもあるから、目印にならないじゃない。

C14　そうだ、川なんかあるとさ、そこから山に入って行ったりするよね。

C15　そうすると、どこが「入口」で「出口」かもわからないね。

C16　斎藤先生の言うことが少しわかってきた感じだな。

C17　森の方へ入って行ったところ、もう一度見て、読んでみよう。

C18　どうも、森へ入って行くところ、出るところ、いろんなところがありそうだ。

C19　だんだん木がしげっていくところとか、きゅうに木がふえたりして森になるところとか、いろんなところがあるのよ。

『授業』一〇頁四行～一〇頁七行

19

『未来誕生』一〇一頁、一〇二頁、一二八頁
『教科書』五～五一頁、四八～四九頁
『授業』一〇頁八行～一〇頁一一行、写真⑤

19は、自分の考えを教師のほうにうつしてうなづいている。

C20　少しわかってきたよ。大きな森のようだろう。中に、道があったり、小川や川があったり、谷やガケなんてあるんだよ。

T3　みんながいっしょにならんで、島村の外に出て行く時、どこまで行ったら島村の出口へ来たというのだろうか。島村と隣の村との境には橋があるが、橋のはずれに行った時、出口へ来たというのだろうか。それとも、近くに橋が見えてきた時、出口へ来たというのだろうか。

C1　うん。

C2　そうだ、わかった、わかった。

C3　私もそう思えてきた。うん。

C4　（まだわからない子どももいる。沈黙して考えている。）

T4　森の出口と島村の出口とは同じように考えてよいのかな。違うと思うよ。どうかな。

C1　森とそうでないところとの境は、はっきり

20

21

20はそれがわかったことに満足している。ここまでは緊張の連続だが、21で緊張をほぐし、

24

していなくてさ、だんだん木が多くなって森になっていくところもあるし、そうじゃないところもあるんじゃない。

C2　だからさ、森の入口や出口にもはっきりここなんだと言えるところもあるし、はっきりした境もないところもあるのよ。

C3　そうだよ。お父さんたちは森で炭やきをしているので、森の中の道をよく知っているのよ。森へ入る道、出てくる道、みんな知っていて、いくつもあるのよ。

C4　そう、そうお父さんたちが作った道、けものが通る道もあるんだ。木を切って、炭をやいて、炭だわらにつめて、町まで運ぶ道だってあるんだよ。うん。それだけじゃなくて、ほかにもいろんなことを知っているんだ。

C5　お父さんたちが仕事のために入って行く道と、まさおさんが森の方へ入って行った道（ところ）とは、違うんだよ。だけど、お父さんたちはわかっていたんだよ、大人だもの。

26

28

『未来誕生』一三〇頁
『教科書』四九頁
『授業』一一頁二行〜一一頁七行
『授業』一頁八行〜二頁二行

---

C6　自分たちはどうしてそこに気づかなかったのだろう。

もちろんこの場合「出口」を「でるくち」と解釈することも間違いではない。この時間に子どもたちが結論を出したような解釈も正しいし、私の解釈もまちがいではない。教育においては、どれが正しいとかいうことではなく、次々と高い解釈、新しい解釈を発見し創造し、新しい別の時点に到達していくことに意味がある。

この時間の担任教師のように、境界線の一点というところへ、子どもの思考を導いていくことも立派である。しかし、もしできれば、さらに次の次元へと子どもたちを導き移行させなければならない。そして、そこへ移ったら、さらにその次へと、次々と子どもたちの考えや概念や解釈を変革し、拡大、深化、再創造をはかっていかなければならない。それは左図のようになる。

①は子どもたちがこの時間に出したものであり、相

22

22では、「どうしてわからなかったのだろう」などと茶目を言っている。

26は、問題が明らかになり、自分たちのものとなった時、「そうだったんか」と喜んでいるところである。

この授業は、斎藤校長が横から入って授業をしたものである。

---

撲でいえば、幕下か十両にあたる。②は私が引き上げたものであり、幕内力士にあたる。③は三役であり、④は横綱ということになる。③④は大へんとしても、少なくも①②ぐらいまでは必ず出さなくてはいけない。①や②が出せないで、ただ「出口」を「でるくち」と教えているのでは、決して専門の教師とはいえないし、専門家のやる授業とはいえない。

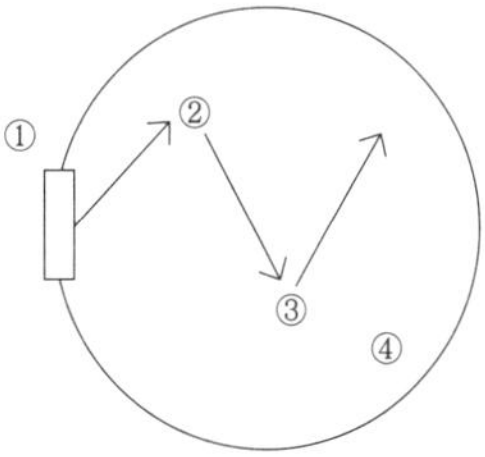


そういう専門家の授業を受けた子どもたちは、どの子も自分の可能性を十分に発揮し、心と体の変化をさせながら、生き生きと学習する子どもになる。そして、「出口」なら「出口」ということばに対する自分たちの認識を拡大深化したり、自分たちが今までもっていた世界とは別な、創造発見の世界に、自分たちの認識を移行させていったりする。そうなって初めて子どもたちは喜び満足する。

（鉛筆書き）
○森の深さ、複雑さ、森から出る
○小高い丘になっているところがあり、見通しがよいところもある。

「鉛筆書き」の部分は川島浩氏との話し合いの後にメモされたと想われる。井上さんが「出口を考えることで森の深さや複雑さを学ばせようとした」授業＝斎藤喜博の代表的な「横口（介入）授業」であり、「出口論争」に一石を投ずることができると確信を抱いたであろうことがわかる貴重な資料といえる。【北川】

## 三、斎藤喜博の横口授業「山の子ども」の模擬・復元

写真集『未来誕生』にある二〇枚の写真と、新たに発掘された約七〇枚、合計約九〇枚の写真と、「山の子ども」の「授業の記録・2」を基に、写真と授業の記録を突き合わせ、さらに「授業行動の選択系列のアセスメント」の方法により、授業の展開過程を模擬・復元した。

本項目の文は写真集『未来誕生』（川島浩・斎藤喜博、一莖書房、一九八六年）の一一三〜一一四頁から。上段は井上光洋の記述。下段のT・Cは井上光洋がつけた。【北川】

三年の国語、赤坂さんの授業だった。題材は「山の子ども」というところで、まさおさん、あきおさん、みよこさんという、山おくに住んでいる三人の子どもが、まさおさんのお父さんに、くりの実をたくさん分けてもらったことから、くりの木のたくさんあるという森の奥の方へ、まさおさんのさそいで入って行き、雨にふられて、やっと森の外へ出てきたということが書いてある文章だった。

指導計画は七時間の予定で、第一時間目は、全文を読んで全体の意味をとり、すじを

理解し、段落ごとの中味についての話し合いをした。二時間目には、第一段をあつかい、山の生活とか、三人の仲よしのようすとか、山の四季のようすなどを読みとらせながら、その中にある、文字、語句、語法などの指導をした。

次の三時間を続けてつかって、第二段と第三段の中にある問題点を一人一人に考えさせ、しらべさせていった。だからこの三時間は、この学校でいう「独自学習」の時間であり、一人一人が読んだり考えたりして、それをノートにとったり、友だちと考え合ったり、先生に質問したり、辞書をひいたり、友だちや先生や辞書によって、自分の考えを確かめたり、拡げたり、深めたりする時間だった。先生は、この三時間で、子どもの学習を広めたり深めたり、子どもと子どもとをつなげたり、また、必要なことは全体の子どもに指導したりしながら、全体の子どもの学習を組織し、発展させているのだった。この段階に三時間の独自学習の時間をとったのは、ここが文の大事なところであり、そこに問題点もたくさんあるからだった。

次の一時間は発表学習だった。三時間の独自学習で深められ発展され整理された問題を学級全体の前にだし合い、みんなして文を読みながら考え合っていく時間だった。この写真の場面は、この時間のようすである。発表学習のあとの一時間は、この学校では「自習学習」とか「整理学習」の時間と言っている。ここでは、それまでの学習を反省し、その中で自分たちが獲得したものをまとめたり、学習方法や、自分たちの追求の仕方を反省したり、朗読とか書きとりとかの独習をしたり、文字、語句、語法を、はっきり頭に入れたりする。

---

この解説文は
① 赤坂里子さんが下書きをし
② 斎藤喜博が手直しをした。

指導計画（全七時間）
第一時間目　全文の読み
第二時間目　第一段
　　　　　　（文字、語句、語法）
第三時間目　独自学習
第四時間目　独自学習
第五時間目　独自学習
第六時間目　発表学習（本時）
第七時間目　自習学習　整理学習

1

T1　理由、根拠をたずねる発問
C1　そのまま受容
C2　そのまま受容
C3　何らかの解明が必要

T2　切り返しによる解明
C1　そのまま受容し
C2　フィードフォワード

発表学習の時間の目標は、「みんなにとめられてもあきらめずに、森のおくへ入って行くまさおさんの気持ち」「まさおさんのあとについて行く友人の気持ち」「子どもたちが帰るのを待つ親たちの気持ち」の三つを話し合いの中心にしながら、そのなかでとくに、文章のなかの次の三つの問題を、直接の問題としていった。

○まさおさんは学校でも毎日そのことばかりを考えていました。
○三人はしばらく歩いて行きました。
○「まさおくんはあの大きなけやきの木の所から森の方へ入って行ってしまって……」の「……」の意味。

（ここまでは写真撮影前の記録である。井上）

T1　初めに先生は、「くり拾いに行こうよ、と、まさおさんは、どうしてさそったの」という問いかけをした。その問いかけからの教師と子どもの発言は次のようだった。
C1　敏次「一人じゃ、やだから」
C2　けい子「さそえば、みよ子さんもあきおさんも行くと思った」
C3　芳夫「自分で行っちゃおうと思ったんだ」
T2　教師「自分で行っちゃおうと思ったということをみんなはどう思う。それなら初めからさそわなければいいでしょう」
全員が「そうだねえ」と言って考え込む。

2

T3　理由をたずねる発問
C1　単純な応答…そのまま受容
C2　何らかの解明が必要

T4　助言的な解明
C2
C3　それぞれの子どもがイメー
C4　ジできればよい
C5

T　「目をかがやかして」というのはどんな時につかうかな……

C1　芳夫「二人が『行くよ』と言わなくっても、行っちゃおうという気持ちがあったんだと思ったんです」
C2　君江「仲よしの友だちにだまって一人で行っちゃいけないと思ったのでさそったのだと思った」
T3　教師「それではね、まさおさんは、なぜ森へ行く気になったの」
C1　全員「くりの実をもらったから」
C2　しづ江「それで、まさおさんは、『くりの木はどこにあるの』と聞いたんだよ」
T4　教師「その時、まさおさんは、目をかがやかせて聞いたでしょう。目をかがやかせるってどういうこと」
C1　俊男「きらきらさせること」
C2　清文「目が光ることだ」【写真3】
C3　秀姫「まさおさんは、くりの実がうんとすきなので、すきなものをもらったので、嬉しくなっちゃったんみたいね」
C4　君江「三人のうちでまさおさんが、一番くりがすきだったんだと思う」【写真4】
C5　秀姫「だからまさおさんは、くりの木がどこにあるのか自分で確かめに行くつもりだったんじゃない」【写真5】
そういう話し合いの間に「目をかがやかして」ということは、希望とか、満足とか、

T5　理由根拠をたずねる発問

教師の伏線（授業記録欠落部分）

「目をかがやかして」

↓

「けっして行ってはいけないよ」

↓

「どうしても行ってみたくてたまりません」

↓

「そのことばかり考えていました」

「そのこと」

T　だけどお父さんは何といいましたか

T　だけどまさおさんはどんな気持ちだったかな

T　「たまらない」というのはどんな気持ち……?

---

あこがれとかで、目がきらきら光ってくることだということがはっきりさせられた。また、「かがやかして」と「かがやく」のちがいも、考えさせられたり、教えられたりした。

> 「かがやかして……自分から
> 　　　　　　　（心から）
> 「かがやく
> 　　　　　光をあててかがやく
> （一人の子どもが話している間でも他の子どもも発言する）
>
> 〈井上メモ〉

T5　そして、「なぜ、まさおさんが目をかがやかしてたずねたか」ということから、まさおさんの気持ちをもっとはっきりさせるために、「毎日そのことばかりを考えていました」という文章のところへ学習を進めていった。

3

4

5

T6　想起・理解の発問
C1・C2・C3　まさおさんが想像したことがでればよい
C4　子どものまとめ
T7　まとめの情報提起
C1　受容
C2　「きっと……ちがいない」（ことばづかい）
C3　もしかしたら……かもしれない（ことばづかい）
C4　このことばづかい・受容・確認

6

T6　教師「四五頁の『そのことばかり考えていました』の、『そのこと』は、何のこと」
C1　かおる「まっかなかきも、いちじくもなっているかもしれないな」
C2　和夫「鳥も歌っているだろう。行きたいなあ、行きたいなあ」
C3　敏次「森のおくのこと」
C4　大多数「そういうことみんなだ」【写真6】
T7　こんな話し合いから「そのことばかりを」というのは、次の文章の全部をさしているのだということになった。
「そこには、くりの　木の　ほかに　きっといろいろな　くだものの　木が　あるにちがいない。まっかな　かきも　いちじくも　もしかしたら、大きな　りんごも　なって　いるかも　しれない。きれいな　鳥も歌って　いるだろう。行きたいなあ、行きたいなあ。」
C1　豊「これは、本当にいちじくやかきがなっているんじゃないんだ、そう思ったことなんだ」
C2　和夫「『きっと』『ちがいない』とあるものね」
C3　他の大勢「『もしかしたら』『なっているかもしれない』でもわかる」
C4　とし子「そういうことばは、ほんとうの時につかうことばじゃないもの」
T8　教師「そうね、だけど「　」は、誰かが話しした時、その部分をくくる印じゃないの」

T8　理解の発問（「山の向こう」のきんちゃんのことば）
C1
C2｝何らかの解明が必要
C3　まとめの情報提起

7『未来誕生』123頁（下）

T9　確認フィードバック
（「……」の中は思ったことかな、話したことかな……といいながら）
C1　そのまま受容
（自発的発言をしている）
まさおさんの気持ち……（朗読）
「どうしても……行ってみたくてたまりません」
C2　受容・確認（C1を受けて）
C3　……T2C1の自分の発言をくり返す
C4　生活経験のなかからの対案の提示、子どもからの切り返し、教室全体の雰囲気
C5　何らかの対応・解明が必要
C6　（フィードフォワード）
C7

C1　けい子「この前の時に（　）の印が思ったことだったんね。だけどここでは「　」になっている」【写真7】

C2　君江「だけど、ここでは、話の時と意味がちがうんだもの」

C3　みんなの顔は、困ったように先生の方にむいた。前には（　）で思ったことをくくってあったが、こんどは、「　」になっている。だが文章からみると思ったことなんだ、という顔つきだった。そして結局、思ったことにも「　」をつかってよいのだということになった。

T9　教師「そうすると、「　」の中で、まさおさんの考えていることがよくわかりますね」

C1　信子「まさおさんが、そう思ったのは、その前の文章からでているのです」

信子さんは、そう言って、「　」の文の前に続いている次のところを読み上げた。

なかよしの　ふたりの　友だちにも　止められましたが、まさおさんは　どうしても　くりの　木の　ある　所まで　行ってみたくてたまりません。

C2　だから信子さんは、「毎日そのことばかりを」というのは、そこへも続いているのだというのだった。みんなが「そうだ、そうだ」と言った。

C3　芳夫ちゃんが、「だから、友だちが『行かないよ』と言ったら、一人でも行っちゃおうという気持ちはあったんだと思うな」と、前に自分が発言した言葉を証明するように言った。

C4　和夫「だめだって言われると、めった行きたくなるんじゃねんね。そういうこと

10 『未来誕生』95頁

9 『未来誕生』126頁

8 『未来誕生』96頁

がぼくなんかよくあるん」

みんなは和夫さんの発言で、自分の経験を思い出してにこにこし、ざわついてきた。そして、

C5 秀姫「行きたい行きたいと思っている内に、やさしいおじさんがいることまで考え出しちゃったんみたいね」

C6 芳夫「そうに言えば、二人の友だちも行く気になると思って言ったんかしんない」

C7 清文「だから、みんなをだまそうとして『やさしいおじさんがいる』と言ったんじゃあないんだ」などという話が出てきた。

こういう話し合いや、先生からの問いかけの間に、子どもたちは、教科書をひらいて、①その部分を読みなおしてみたり、②ノートをみたり、③じっと考え込んだり【写真8・9・10】、④急によい考えを見つけて、生き生きと発言したり、⑤友だちの発言を、じっと聞いたり【写真11】、それによって新しい考え方が出ると、⑥「そうだ、そうだ」と言ったり、⑦にっこりとうなずいたりしてるのだった。先生に突っこまれて、⑧困った顔をしばらくしているが【写真12】、また自分の考えをまとめたり、新しくしたりして、⑨にこっと笑って、また自分の意見を出していったりするのだった。【①〜⑨は井上がつけた】

その次に、先生から、「二人はさそわれてもだまっていたでしょう。それはどうして」(T10)という問題が出された。「まさおさんの話がよかったので行ってみようという気

教師の知覚
①よみ直し
②教科書への書き込みを見る
③じっと考え込む
④生き生きと発言
⑤友達の発言を聞く
⑥「そうだ、そうだ」
⑦にっこりと、うなずく。
⑧困った顔をする
⑨にこっと笑って、自分の意見を出す

T10　理由をたずねる発問
C1　そのまま受容し、次につなぐ
T11　読みの指示と根拠をたずねる発問
C1　何らかの解明が必要（教師が予測した応答がない）

---

になっちゃった」（C1）というのがほとんどの子どもの意見だった。そこで先生はまた「二人は行きたくなったのだということが、文のどこにあるのか見つけてごらん」（T11）【写真13】と言った。子どもたちは本を読み出した。そのうちに、ぼそぼそとみんな同じことを言い出した。「あきおさんもみよ子さんもついて行きました」と書いてある、というのだった。先生は「いきたくなりました」などから出るだろうと思っていたようだが、そういうことばは子どもから出なかった。（C1）

11

12

13

14

T12 深め掘り下げの発問
C1 何らかの対応が必要（即座）
T13 理由をたずねる解明（発問）
C1
C2
C3
C4 ｝代表的な意見を受容し板書して全体で考える
C5 子どものまとめ（情報提示）
T14 助言的・ヒントの情報提起
T15 『しばらく』ってどのくらいの時間かな」と発問
C1 すこしの間
C2 長い時間
「ちょっと」
「なから」
子どもからのではない
T16 斎藤喜博（助言的）「しばらく」の時間を考える時「ちょっと」とのちがいを例をあげて考えさせるとよい。

T12 そこで先生は、『だまっていました』のところを二人の気持ちになって、もっと深く考えてみましょう」と言った。

C1 「心配があったんじゃないだろうか」という声が幾つか出てきた。

T13 先生が、「心配って、何が心配なの」と聞くと、

C1 「まいごになっちゃえばやだ」

C2 「家の人に話してないから遅くなれば叱られる」

C3 「行ってはだめだと言われていたので」

C4 「三人は仲よしなのに、行かなければ、仲が悪げだ」

C5 ということが出た。先生はそれを板書した【写真15】。それについて考え合っているうちに、「行きたいのも行きたいけれど、心配もある。どうしたらよいかとこまって、黙っていたのだ」ということになった。先生の方から、二人は決しかねて、黙っていたのだが、まさおさんが一人でどんどん森の方へ入って行ってしまったので、ついて行ったということがつけ足され（T14）、その時の三人の、それぞれの気持ちが話し合われた。この学習を終わって、問題は、「三人はしばらく歩いて行きました」の「しばらく」に移って行った（T15）。君江ちゃんは、「ちょっと」で少しの間だと言い、和夫ちゃんは、「なから」で、長い間だというのだった（C2）。二人とも辞書を引いて「ちょっと」は少しの間、「なから」は、長い間だと言っているのだった。みんなは、「しばらく」が、そのどちらか考え合っ

15

T17 「しばらく」をつかった例文をあげてください。どんな時につかうかな。
C1 そのまま受入れ
C2 で……次の「ちょっと」と
C3 比較する

T18 では「ちょっと」をつかった例文をあげてください。
C1 「ちょっと」まってください。
C2 「ちょっと」やすみましょう。
C3 「ちょっと」かして。
C4 ほんの「ちょっと」の間のことでした。

T19 まとめの情報提起とイメージの喚起

た（T16）。実例を出し合ったところ（T17・18）、次のようなものが出てきた。
○ しばらくあいませんでした。
○ しばらく待っていたけど来ないので行ってしまいました。
○ もうしばらくお待ちください。
○ 列車は三分おくれて到着します。もうしばらくお待ちください。

T19 このことから「しばらく」には、「少しの間（瞬間ではない）」と「長い間＝ながら」という二つの意味があることがはっきりした。それで「三人はしばらく歩いて行きました」の「しばらく」は長い間だということがわかってきた。そしてそれは、その文章の感じと、そのあとに続く、「三人はしばらく歩いて行きました。森の中はうす暗く、地面はしめっていました。こずえを風がヒューヒューと通りすぎて行きました。あきおさんとみよ子さんはおそろしくなってきました。」という文の情景のかわり方からもわかるのだということになった。

T20
C1 清文「今までのところは山道でしょう。だからそんなに木も生えていなかった」
C2 信子「『はじめから、そんなおそろしげなら行きゃしないもん』ということで、

T20
C1　受容
　先送り
C2　受容
C3　わかったと思った
C4　そのまま受容
C5　ぬか喜び、考え直す

---

かなり歩いて行ったのだということがみんなわかったきた。

C3　秀姫「それでもまさおさんは、聞こえないふりをして進んで行ったんだから、行ってみたくてたまらなかったんだよね」【写真16・17・18】

C4　しず江「雨がふってもぬれても平気なんだよね」

C5　秀姫「あれ、だけど、言い出しちゃったんで、二人の前で帰ることできなくなっちゃったんかな」【写真19・20】

16『未来誕生』100頁

17『未来誕生』101頁

18『未来誕生』102頁

19『未来誕生』99頁

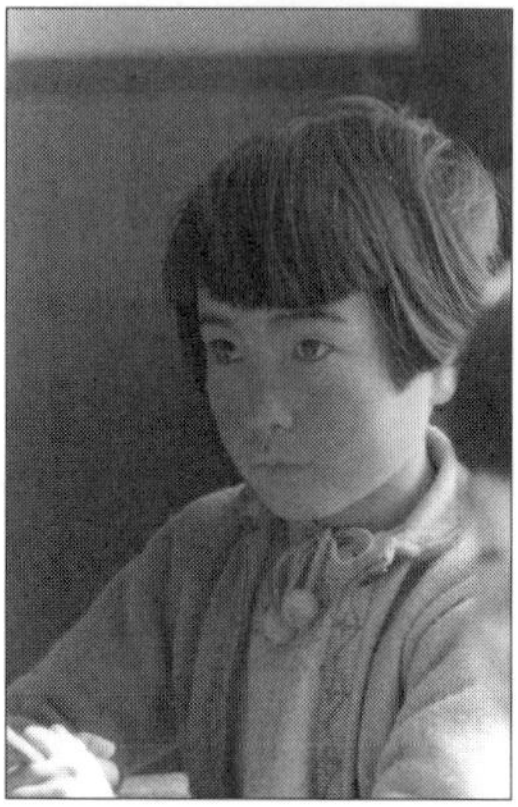
20

21

（T20） 井上の想定
C6 子どもの学習状態
C7 C5との関連

22

23『未来誕生』125頁

（T20 雨がみぞれになってしまったね。みぞれにあたるととても冷たく寒いよ。）

C6 ここでまた、みんながまさおさんの気持ちを考え出した。「あきおさんが後ろから大きな声でいいました。まさおさんはちょっとふり返っただけでそのまま進んで行きました。雨はだんだんはげしくなりました」というところを読みとっていった。

C7 秀姫ちゃんのいうような意地になってるところもあるかもしれないということになった。

ここまでは『未来誕生』の「授業の記録・2」の解説文。ここからは『未来誕生』以外の授業記録から井上が想定し模擬した。【北川】

T21 斎藤喜博

雨がふってきたのであきおさんとみよこさんは立ちどまり、みぞれになって、寒さにふるえながら、もどりかけたんだよ。この時の気持ちはどうかな。

初めは←まさおさんについていった。

立ちどまった時→もどろうか。

みぞれになって、寒くてもどった。

だけどまさおさんはどんどん←森のおくへ行ってしまった。

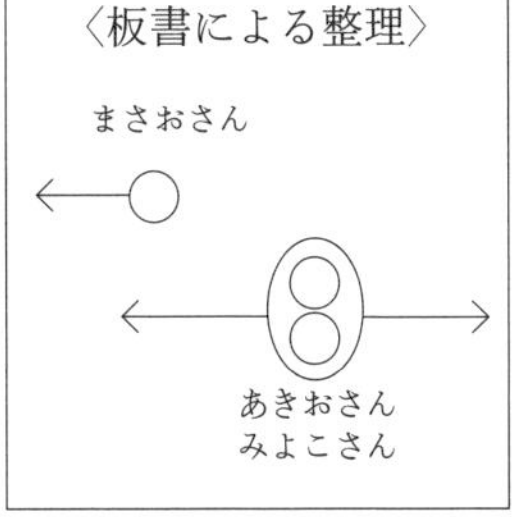

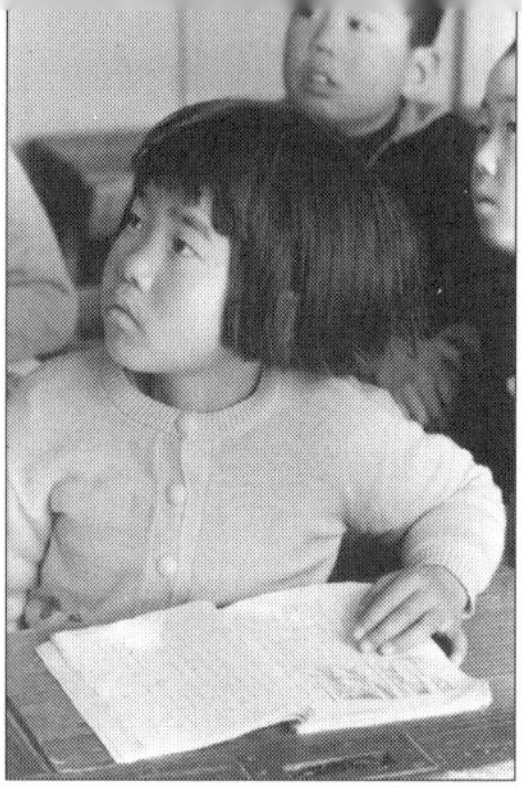
24

25『未来誕生』124頁（上）

T22 まさおさんはどうして、二人をおいて森のおくへ行ってしまったのかな。【写真26】
C1 寒かったけど、どうしても行ってみたかったんだよ。
C2 初めからひとりででも行こうと心にきめていた。
C3 意地になっていた……。（T20―C5）
T23 じゃあね。「あきおさん」はどんな気持ちでいただろうね。みよこさんは、泣きだしそうだったね。
C1 あきおさんはみよこさんをかばってつかれきっているので帰ろうとしたんだ
C2 それにまさおさんのことも心配だったんだよ。このままだと大変なことになるって……
C3 父親に知らせてはやくやめさせようとした。

26

27『未来誕生』124頁（下）

28

29

それからこの学習は、お父さんたちに「まさおはどうした」と聞かれた時、「まさおくんはあの大きなけやきの木の所から森の方へ入って行ってしまって……」と答えたところへ行き、親たちの心配にふれていった。(『未来誕生』一一四頁)

T24 帰りがおそいので、その時、親はどんな気持ちで待っていたでしょうか。
C1 雨がふっただけでも心配なのにみぞれになって、帰りもおそい。何かあったんではないか。
C2 じっとしていられないで外に出て、様子をながめ、あたりをさがしていた。
C3 もしかしたら、学校に行く道をさがしたかもしれない。
T25 もどってくる時、あきおさんは、どんなことを考えていたのかな。「……」とこも考えて……。
C1 あの暗いじめじめした道を引き返して、やっと森の出口に来て、大きなけやきの木をみて、あともう少しだと思った。
C2 「おうい、おうい」とお父さんの声を聞いて、安心してほっとして、いっぺんにつかれが出たんだよ。
C3 「……」は声が出なかったんだよ。まさおさんをはやく助けに行ってと言いたかったんだよ。
C4 自分たちがもどらなければ、まさおさんが大変だと思った。

30

31

32

33

葛藤につかれてしまう子
ちがうよ……と、茶化している子
歯をくいしばっている子

34『未来誕生』127頁（下）

T26　まさおさんは助かってよかったね。お父さん、お母さんはいつも子どものことを心配しているんだね。でも森の出口をおぼえていてよかったよね。森で迷子になったら、それこそ大変ね。

C1　森の木がすっかりなくなったところで大きなけやきが、目印なんだ。

C2　大きなけやきの木が見えるところさ。

C3　出口と入口とは同じじゃない。

C4　そうだ、そうだ。

そして最後に「森の出口」の「出口」が、大きな討論になり（『未来誕生』一一四頁）

ちがわい、校長先生のいっている「出口」はおかしいよ。

35

36『未来誕生』98頁

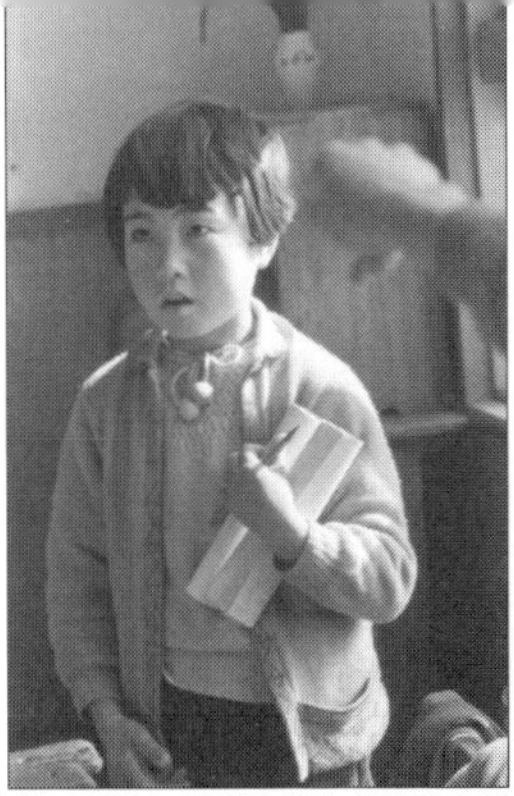

37『未来誕生』202頁（イ）初版126頁

T27　斎藤喜博・横口

そんなところは出口ではない。

（板書による整理・下図）

C1　森の中に「出口」があるなんておかしいよ。

C2　森の中に「出口」があるとしたらどうやって森の外に出るのよ。

C3　そんなのぜったいにないわよ。おかしいわよ。

（秀姫……棒立ちになってしまう【写真35・36・37】）

C4　そんなことはないわよ、おかしい。

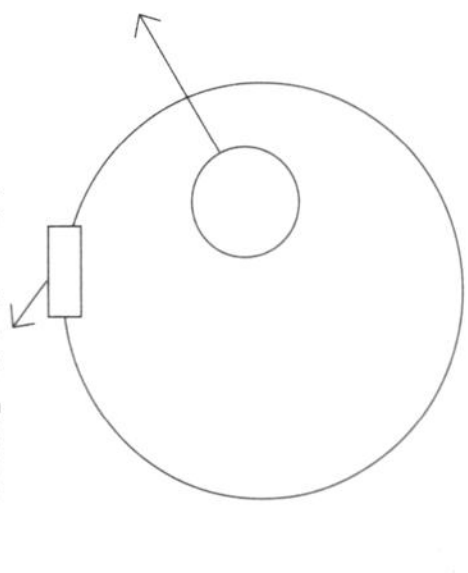


T28　斎藤喜博

同じことばでも、解釈は一つだけではない。この文章では私の方が正しいと思う。

C1　子どもはみな緊張する。

C2　校長先生があれだけ言っているんだから何かあるかも知れない。

T29　斎藤喜博

「山の向こう」で、きんちゃんは山のてっぺんからトンネルの「出口」を見ていて汽車が出て来るのを見たけど、みんなが汽車にのっているとしたら、トンネルの出口は、どんなふうに見えるかな。明るい出口が見えた時かな。きんちゃんの見た「出

38『未来誕生』127頁（上）

39

口」にきた時かな。汽車は長いんだよ。のっているところで出口の見え方はちがうよ。

T30　斎藤喜博
森は広がりがあって深く、複雑なんだよ。あきおさんとみよこさんは　はやく森の外に出ようと必死だったんだ。そしてはやくお父さん、お母さんに知らせなくてはと……思っていたんだ。つかれて、寒かったんだ……。

C1　近道をして戻って行ったかも知れない。

C2　それにしたっておかしいよ。（全員）

T31　斎藤喜博
「緑の野山」『村と森林』の情景の説明。
山おくの森は、たいらな島村とはちがうんだよ。

T32　斎藤喜博
みんながいっしょにならんで島村の外に出て行く時、どこまで行ったら島村の出口へ来たというだろうか。島村と隣の村との境には橋があるが、橋のはずれのところへ行った時、出口へ来た、というのだろうか。それとも、遠くの橋が近くに見えてきた時、出口へ来たというのだろうか。

C1　ここまで来たら、もう来たのと同じってところがあるんだ。

C2　どこでも目印になるものがあるんだよ。それを見ながら行くんだよ。

41

40『未来誕生』128頁

C3　山と同じように、いろいろなとこから入れるんだよ。
C4　そうだ、わかった……「出口」はいろいろあるんだ。
C5　寒さにふるえながら、家にもどろうとしているんだから「出口」の見え方がちがうんじゃない。
C6　「やっと」ってあるから、その時の気持ちは大変だったんじゃない。
T33　斎藤喜博
みんな、森の「出口」について、いろんなこと考えたね。はじめに考えたことも、決してまちがいじゃないんだよ。森は深く、入りくんでいて、迷った時なんか、「出口」をさがして必死だよね。
C1　（そういう考えもあるんだ。どうしてわからなかったんだろうか／先生の言う方がほんとうだ）【写真42】
C2　山に登るんだっていろんな登り口があるのと同じだ。
C3　自分たちはどうして気づかなかったんだろう。【写真43】
T34　きょうは、みんなと先生と私と意見がちがっちゃったけど、次の国語の時間、この「山の子ども」のところ整理して、まとめてください。みんなも、赤坂先生もがんばっていい授業でした。

42『未来誕生』130頁

43『未来誕生』129頁

（そして最後に「森の出口」の「出口」が、大きな討論になり、）「出口」は、子どもたちが、それまで考えていたように、「森のすっかりなくなったところ」だけではないということになって、この一時間を終わったのだった。一時間をせい一ぱいにやった子どもたちは、「出口」がはっきりし、高まって、授業が終わった時、満足そうに、ほほに手をあてたり、教科書で顔をあおいだり、「そうだったんだなあ」とつぶやいたりして、しばらくそれぞれの席についたまま、楽しそうにしているのだった。（『未来誕生』一一四頁）

### 今後の課題

有園格の整理によれば、「出口」論争が残した研究課題は四つにまとめられている。

① 「ゆさぶり」は質の高い授業を創り出す有効なひとつの方法であるが、その適用範囲を明らかにする。

② 「ゆさぶり」は子どもの概念形成に有効であるかを、子どもの学習や発問などの分析を基に明らかにしていく。

③ 実践記録・授業記録の分析・批評の有効性と限界についての考察。

④ 授業研究における記録とは何か、についての研究。

これらの四つの課題をもう一度問い直していかなければならない。

四時間目の国語の授業が終わり、職員室に向かう斎藤喜博と赤坂里子

44

そして、斎藤喜博の授業論がもっともリアルに描き出されているのは横口授業、介入授業、模擬授業への介入などである。横口・介入には、斎藤喜博の教材解釈に基づく発問、説明、例証があり、子どもの発言・表情のとらえ方・知覚などによる対応行動があり、それらは教授意図を如実に表している。すなわち、教授行動の選択が異なっているために横口・介入があるわけである。

したがって斎藤喜博の授業論を論ずる場合、これらの授業記録を無視してはとうてい授業論（教授学といってもよい）を体系化することはできない。

国分一太郎は「……斎藤喜博氏その他の『授業論』を研究し、正しく位置づけることも怠られている」と一九六四年に明言したが、残念ながら今日に至るまで怠られており、「教授学」の枠組みを提案した研究および実践はほんのわずかしかない。

そして、このように横口授業「山の子ども」の展開過程の枠組みが解明された時、これまでに行われてきた、いわゆる「出口」論争はどのような意味をもつのか、これをどのように生産的な論争にもっていくことができるのか、本論がその一助となれば幸いである。

さらに、斎藤喜博のすでに化石となっていた授業記録という事実から、まさに行間の裏を読み取っていく作業を通して、授業論や授業技術を読み取り、解明していく糸口、授業研究の方法論がかすかながら見えてきつつあることも事実である。

〈参考文献〉


井上光洋（一九九二）「斎藤喜博の横口授業『山の子ども』の分析」東京学芸大学紀要第一部門、第四三集、二九〜四二頁。

井上光洋（一九九四）「写真集『未来誕生』の「授業の型」の分析」東京学芸大学紀要第一部門、第四五集、三七一〜三九一頁。

井上光洋（一九九四）「杉本和子の社会科授業『みち』の分析」東京学芸大学紀要第一部門、第四五集、五三〜三六九頁。

井上光洋（一九九三）「武田常夫の国語授業『天下一の馬』の分析」東京学芸大学紀要第一部門、第四四集、二五〜四一頁。

井上光洋（一九九四）「船戸咲子の国語授業『美を求めて　レオナルドの「最後の晩餐」』の分析」東京学芸大学紀要第一部門、第四四集、一〜二三頁。

井上光洋（一九九一）「斎藤喜博の介入授業の分析」東京学芸大学紀要第一部門、第四一集、八七〜一〇二頁。

川島浩・斎藤喜博（一九八六）写真集『未来誕生』一莖書房。

斎藤喜博（一九七九）『介入授業の記録』（全五巻）一莖書房。

国分一太郎（一九六四）「授業の研究実践の課題」教育No.169。

有園格（一九九一）「論争史からみた授業研究の争点『出口論争』」明治図書、現代教育科学、No.417。

赤坂里子（一九六七）『島小での芽をふく子ども』明治図書。

# 四、斎藤喜博の横口授業「山の子ども」の分析

## （1）はじめに

戦後民主主義教育の原点に立って教育実践をしてきた斎藤喜博は、群馬県島小学校、境東小学校、境小学校の校長として独特な授業論を展開してきた。とくに基礎学力として国語・体育・音楽を重視し、子どもたちから表現力を引き出し無限の可能性を秘めた子どもの潜在的能力を引き出そうとした。退職後、全国各地の学校に入り、また宮城教育大学を中心に教育系大学で、教授学の講義・演習を行ってきた。この間斎藤喜博の授業実践に対して、いわゆる「出口」論争、跳箱論争、ゆさぶり概念についての論争がくり広げられ、今日にいたるまで、結論は出ていない。

そこで斎藤喜博が残した授業記録と教材解釈論をふまえ、現職時代の授業研究法としての横口授業、退職後の介入授業、模擬授業に着目し、すなわち、横口、介入、模擬授業の一連の授業研究方法に共通する概念である授業展開の予測と、教師が最適な教授行動を選択する意思決定という視点から授業分析を行う。予測と意思決定を含む分析と評価には、授業行動の良し悪しという結果的で一方的な評価（evaluation）よりも、ある授業場面で選択可能な授業展開と教授行動を予測し、その中から最適な教授行動を選択していく、教授行動の選択肢間の評価（アセスメント、assessment）の概念で分析した

方が妥当であると考えられる。[1] この評価法によって教師の専門職としての実践的能力の行動規準を明らかにするため、教師の教授行動の選択系列のアセスメント（評価）により、斎藤喜博の授業論の全体像と教授学の枠組の糸口をさぐるとともに、「出口」論争となっている授業場面を模擬・復元することによって、論争そのものがどのような意味をもつのか、問い直す契機としたい。

### （2）斎藤喜博の横口授業の分析

戦後最大の教育論争といわれた「出口」論争は有園格の整理[2]によれば、第一期：斎藤喜博[3]と大西忠治、[4] 第二期：吉田章宏[5]と宇佐見寛、[6]「出口」「ゆさぶり概念」、第三期：大久保忠利、[7] 宇佐見寛、[8] 安彦忠彦、[9] 望月善次、[10] 高田清、[11] 池田久美子、[12] 鶴田清司、[13] 府川源一郎、[14] 高橋金三郎[15]らが参加して論争を実りあるものにするため、さらに論争が重ねられてきた。高田清の整理によると、論争点として六つあげている。

① 「ゆさぶり」概念
② 「出口」、「かたむきかける」に関する教材解釈
③ 「山の子ども」という教材が優れた教材といえるかどうか、優れた教材でなくても良い授業ができるかどうかといった「教材論」
④ 「実践記録」の読み方
⑤ 実践者と研究者の協力関係のあり方
⑥ 論争のあり方

論争の論文を読んで気がつくことは、

a.「出口」論争となった授業がどのような授業展開や過程であったかということは全く論じられていないこと

b.さらに、この授業は明らかに斎藤喜博の横口授業であるのに、授業研究方法のひとつとして開発された島小学校独特の授業改善法について全く言及されていないこと

である。

そこで介入授業の分析に際して開発した「教授行動の選択系列のアセスメント」により、「出口」論争となった授業場面を横口授業として分析し、模擬・シミュレーションし、解明できるかも知れないと考えた。

横口授業も介入授業と同様、斎藤喜博の授業技術がリアルに表れるので、まさに横口と介入は、授業研究のカギ概念であるとの仮説をたてた。そして、「出口」論争となった授業場面の記述を分析することとした。

①『未来誕生』(復刻版、一莖書房、一九八六年三月)写真と解説文

②『授業』(国土社、一九六三年十月、一九六三年)

③『教育学のすすめ』(筑摩書房、一九六九年五月)

④NHK放映「戦後民主主義教育の原点 斎藤喜博」における写真家、川島浩の証言(一九八四年六月放映)

あわせて、ほぼ同じ時に出版された『授業入門』(16)に記述されている代表的な横口授業

の記録の十例を分析することとした。

横口①〔子どもの見えない教師〕

野外劇の指導での築山の陰にいる子どもの指導。直接的な横口で斎藤喜博が教師に代わって子どもを指導している。（七八頁）

横口②　音楽の指導で教師に助言する横口である。（七九頁）

横口③　横口の逆手を取られる。教師が困った時、横口を要請する。「あ、校長先生が来た。何か話してもらいましょうね」（九〇頁）

横口④　跳箱の指導で、直接的な横口を出し、教師に代わって指導し、直接子どもに指示する。（九二頁）

横口⑤　とび上がり下がりの指導で、横口④と同じように子どもに直接指導・指示している。（九三～九四頁）

横口⑥〔授業で子どもを取り上げた実践例〕

子ども同士の討論に割って入って横口を出し、新しい別の視点から子どもに働きかけ、掘り下げている。（九七～九八頁）

横口⑦〔問題の整理〕

教師が子どもの反応・応答を整理しきれなくて困っていて、子どもたちの思考も混乱してしまっていたので、黒板に図を描いて整理してやっている。（一〇四～一〇五頁）

横口⑧　横口⑦と同じように、教師が整理するのが大変のようで、黒板に絵を描いて整

理してやっている。（一〇五～一〇七頁）

横口⑨　子どもの読み・朗読を聞いていて、横口を出し、読み方のちがい、間違い等を指摘して、子どもの学習の仕方に助言を与えている。（一〇〇～一一二頁）

横口⑩　横口をしなかった時……子どもの反応・応答が多様で発言の種類も多かったので教師はそれをさばくのが大変で、それをまとめて次の次元へと発展させられず、学習は堂々巡りをしてしまっていた。授業後「校長先生があの時言ってくれれば、もっとよい勉強ができたのに」と抗議された。

これらの例とその他の事例を基に横口を分類すると次のようになる。

Ⅰ　教師への簡単な助言的な横口。

Ⅱ　教師に代わって、横から授業を取ってしまい直接子どもを指導する。

Ⅲ　授業の混乱した状態を整理するため、板書して横口する。（特に、⑦⑧）

Ⅳ　子どもの中に割って入り、ひとりの子どもとして発言・助言する。

Ⅴ　ひとりの子どもとしてふるまい、子どもとして教師に発言していく。

Ⅵ　授業の途中から重要なポイントについて教師と子どもに発言し、すぐに教室から出て行ってしまう。(17)

Ⅶ　例外的に、横口③と横口⑩があり、斎藤喜博校長と教師との間には、よい意味での緊張関係が存在していたといえる。

## （3）横口授業「山の子ども」の写真および授業記録の分析

斎藤喜博の横口授業「山の子ども」の授業場面をとった写真は『未来誕生』[19]（復刻版、一莖書房）に二〇枚ある。これらの写真を一枚一枚丹念に分析していくと、これらの写真から、次のようなことがわかる。

① 子どもが見ている教科書のページ数がわかる。
② 教師と子どもの表情から写真の順序がある程度推測できる。
③ 写真にうつっている太陽の角度から時間がわかる。（日時計の原理）
④ 後ろの予定表の黒板から授業は一九六〇年一月に実施された。
⑤ 教師と子どもの表情と解説文等から、授業がどのように展開されたのかが、ある程度推測することができる。

ここでは、まず斎藤喜博の横口授業「山の子ども」の記録から分析することとしたい。

① 授業記録[20]でもっとも詳しいのは『授業』[20]（七〜一四頁）である。これを丹念に読むと教科書の記述について二つ欠落している。ひとつは、「お父さんは山おくへ働きに行っていて」（七〜八頁）。「山おく」は三人の子どもの家である。お父さんが行ったのは「森のおく」である。もうひとつは、雨が「みぞれになりました」というキーポイントの記述がないことである。後で述べるが、この授業が行われたのは一九六〇年一月中旬、写真集『未来誕生』が出版されたのが同年三月三一日。きわめて短い時間で完成させているので、仕方がないという面もある。

また、ことばのちがいについて、「遠くの橋が見えてきた時」（『未来誕生』解説文、一〇頁中段後三行目）と、「近くに橋が見えてきた時……」（『授業』一〇頁、五・六行目、『教育学のすすめ』一五八頁、一四行目）とあるが、事実は、「遠くの橋が近くに見えてきた時……」である。

②『授業』（一二〜一三頁）と『未来誕生』（一〇頁上段〜中段）に共通の記述がある。「がんは　一列に　なったり　かぎになったりして　飛んで　来ました。」とある「かぎ」の形の解釈をめぐっての授業場面の記述がある。これは明らかに斎藤校長から教師への助言的な横口であると考えられる。そしてこの文章は「山の子ども」の中にあり、教科書四二頁にある。この時間は授業が始まってから、五〜十分の間である。さらに、記述はないが、「この文章にある「　」のかぎかっこも、この形だね。」という説明もあった。

③　教科書『あたらしいこくご　三年（Ⅱ）』[21]「山の子ども」は二つからなっており、「（一）山の向こう、（二）山の子ども」である。「（一）山の向こう」は第五回島小公開研究会で行っており、この授業記録については、赤坂里子『島小での芽をふく子ども』[22]（一二七〜一三二頁）に記述されており、これは有力な手がかりとなる。すなわち、教科書三六頁の記述「そのばん、きんちゃんは　また　ゆめを　見ました。やっぱり　あの　山の　てっぺんへ　登った　ゆめでした。山から見おろすと、なるほど　トンネルの　出口がありました。きんちゃんの　すぐ　足の　下に　ありました。」とさし絵を生かして、「森の出口」についての解釈について「みんなが汽車にのっているとしたら、トンネルの出口はどんなふうに見えるかな。きんちゃ

んは山のてっぺんから汽車がトンネルの出口に出てくるのを見たんだけどね。」と子どもに働きかけ、客観的に傍観者として見ている時と当事者になって見る時とでは、見え方・感じ方が異なることを問うたのである。

④『未来誕生』解説文一一三頁下段にある（　）と「　」の相違についての記述は、（　）は「（一）山の向こう」で、きんちゃんが口には出していないが、思ったことである。教科書三一頁（去年の　正月に　糸を　切って　飛んで　行った　たこは　どうなったかしら　あの　山の　方へ飛んで行ったのだがなあ……）また、教科書三七頁（やあ　ほんとだ）したがって、「（一）山の向こう」と「（二）山の子ども」を関連づけて教えていたことは、前述③と同様に明白である。

⑤『授業の展開』[23]の一三四頁に次のような文章がある。

「三年の国語の『山の子ども』という題の文章の中に、『三人は　しばらく　歩いていきました。』という文があった。こういう場合は、『しばらく』というのは、どのくらいの時間か、という質問が子どもからよく出る。そんな時は、『しばらく』と、『ちょっと』とのちがいを考えさせると子どもはよく理解する。すなわち、『しばらく』のほうは、『少しのあいだ』『しばし』『当分の間』などという意味であり、『ちょっと』は、『わずか』『少し』などの意味であると教え、『しばらく休みましょう』『ちょっと休みましょう』などという例で考えさせるとよくわかるものである。」

そして、『未来誕生』解説文一一四頁中段から下段にかけて「しばらく」ということばを使う実例をあげさせている。これらを合わせて分析すると、教師への助言

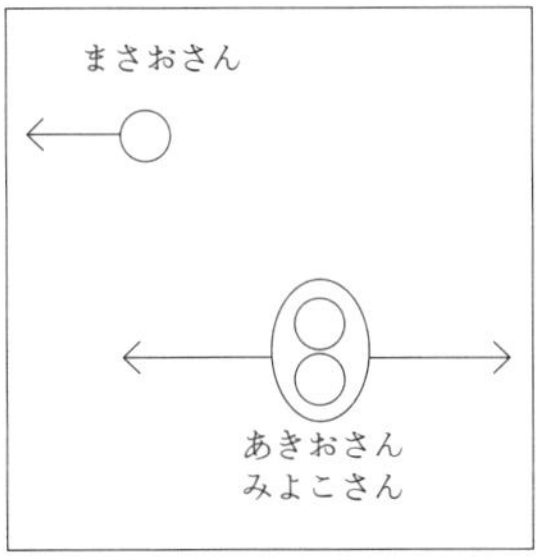

図1　板書による横口Ⅲ

的な横口（横口Ⅰ）があったと考えられる。すなわち、『「ちょっと」ということばと対比して考えさせると『しばらく』ということばがよくわかってくるよ」と、横口をしているのである。

⑥　島小学校では、心の葛藤・迷い・気持ちを表す板書は、○印に左右に矢印を描いて、子どもたちに問うている。『未来誕生』解説文一一四頁下段、『授業』八頁の記述を総合すると、まさおさんの気持ち、あきおさんとみよこさんの気持ちを表す板書は図1と考えられ、横口Ⅲにあたる。

　このような事例は、『授業入門』一〇四頁～一〇五頁、『島小での芽をふく子ども』(24)九四頁～九七頁、にあり、また近代映画協会「芽をふく子ども」の六年国語の授業「たわしのみそ汁」（赤坂学級）の授業場面でも映像としても鮮明に表されている。

⑦　NHK放映「戦後民主主義教育の原点 斎藤喜博」(25)で、写真集『未来誕生』の撮影者である川島浩は次のように述べている。（頁数は『未来誕生』の写真の頁数）

「一年のときから（九五頁）、よく、こう、表情が動く子なんで、多分なんか出てくるだろうと。

　で、これは、まあ、校長先生が途中から入って、その授業をね、横取りちゅうかして、なんか、今までやってきたこととちがうことを言い出した。

　少しおかしいことを言い出したんで、考えながら聞いている。

　これは（九六頁）ますますおかしいと、自分の解釈と、全然ちがうと……ということで、あの、今、僕は、シャッターを切ったのは、あっ寸前だと思ったですね。

ぐっと目玉に力がこもってきたのでね。写したら、（九七頁）次の瞬間、立ち上がって、まあ、ちがうがね、……ことなんですけど、そう言いだした。（九八頁）そして、くってかかるんですよ。

また、斎藤先生は、そういうことが大変うまくてね、相手の言うことを、わっと否定したりね。

わざと、否定したり、逆のことを言ったりしながら、まあ、まわりから攻めていったりしながら。だから、ますますね、全然そういうことじゃないって、くいついてくるんですね。

普通だったらね、子どもがこんなこと、しかも、校長先生に向かってね、校長先生の言っている意見、しかも、授業中にね、反対意見をがんがん言うなんてあり得ないですよね。

で、まあ、とにかく、これで、そのうちにですね、どうも自分の言っていることと（九九頁）がちょっとちがうかもしれないっていう疑問がひょいっとわいてきた。それで、相手の言うことを聞きながら、なんとなく、こう深く考えはじめちゃった。で、だんだん引き寄せられちゃうわけですね。

そして、あ、……わかった、で、あの、ここで、そうだ、もっと、何ページか前に返ってね、そうだ、前に、こういうふうに書いてあったから、だから、そこんとこが、つなげて考えれば、今、あの、ここでは、斎藤先生が言うような解釈なんだっということが、ここで、自分で指摘しているわけですね。

それで、（一〇一頁）本当にわかったという顔が、この次の瞬間に、これが、この表情になって、それで、ここでは、まあ、これとこれは、ほとんどパッパッととったぐらいですけど、続けざまにとったぐらいですけど。

で、そのあと、（一〇二頁）ほっと、大きな、その格闘を終わってね、自分たちもわかって、クラスのみんなもわかって、よかったなという感じで、表情がなごやかになっていくと、そういうとこなんです。

授業の中のたたかいって、ここでは、そういう、八ページのこの子の表情を通してね。そういう授業の中の葛藤ということを、まあ、葛藤があるっていうこと、それが、本当に、こう、その、教材、ていうのかな、そのことが、子どもに、本当に、入っていくという意味でね。

あの子どもと教師の葛藤という意味で、これをこんなタイトルをつけたわけですけども……」

写真の分析を通して解明する限り、この証言はいろいろな問題が含まれているように思えるが、これらの連続写真は、授業のいくつかの山場をひとつとしてまとめたものと考えられる。

⑧「出口」論争となった「山の子ども」の授業を行った赤坂里子の同僚に、船戸咲子（分校四年担任）がおり、船戸さんは一九五九年四月、次のように記述している。[26]

「私は、斎藤さんから以前に、『船戸さんは、いま、よい仕事をしている。しかしそれは、人柄とか、感覚のよさとか、器用さで仕事を進めているのだが、もうそれだけではいけないのではないか。もっと、意図的に全力をあげてぶつかる努力をしないと、確かな方法とか、実践の迫力とかは、出てこないのではないか。』といわれたことをいま思い出したのである。以前にいわれた時はそう痛切に身にこたえてこなかったことばが、自分の実践が壁にぶっつき、一歩も進まなくなったいまは、ぐっと胸にこたえてくるのである。

私が、三年前の教材をくりかえしてはいけないのだ。いま教室にいる子どもたちのために、同じ教材をつかっても、新しい解釈と、方法で、いままでにないものを生み出し、つくり出していくこと以外に、ここからはぬけ出す道はないのだと思った。」

そして、初めての国語の授業は「緑の野山」で、一九五九年四月に授業をしており[27]、「(二) 山をたずねる」で山の森林の奥深さ、複雑さ、広がり、変化に富んだ地形・風景を教えたにちがいない。斎藤喜博校長は積極的に指導・助言したので、この教材について熟知していたのである。[28][29] したがって、『授業』(一一〜一二頁)に記述されている「森の出口」の場所について、幕下、十両、幕内、三役、横綱という表現はここからきていると考えられる。高橋金三郎が授業論I『森の出口』から森の出口へ」で解明していることは、ここの教科書「緑の野山」で十分に実証できることであろう。

『授業』(一二頁)の記述は次の通りである。

「①は子どもたちがこの時間に出したものであり、相撲でいえば、幕下とか十両と

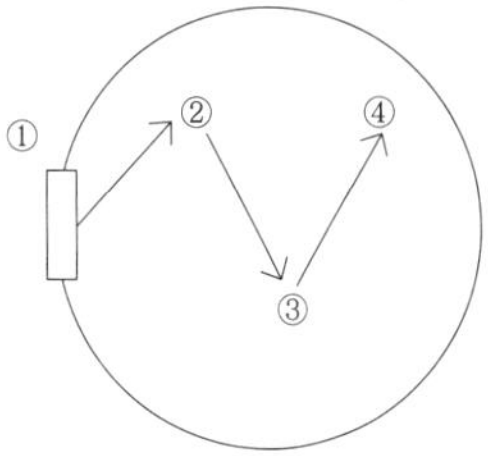


かにあたる。②は私が引き上げたものであり、幕内力士にあたる。③は三役であり、④は横綱ということになる。③④は大へんとしても、すくなくとも①②ぐらいまでは必ず出さなくてはいけない。①や②が出せないで、ただ「出口」を、「でるくち」とだけ教えているのでは、けっして専門の教師とはいえないし、専門家のやる授業とはいえない。」

したがって、③は、（教科書・新しい国語四年（一）、東京書籍）「明るい斜面」（一五頁、二行目）であり、④は、同じく「見はらしのよい所」（一五頁、九行目）ということができよう。

⑨　川島浩は、岩波写真文庫『村と森林』[30]（一九五八年、復刻版一九八八年）を出版している。この写真集は山梨県三富村広瀬の山村生活を中心に十の項目にまとめられている。その中で、

炭を焼く人……「山の子ども」父親の職業
山で働く人……「山をたずねる」の情景
山裾の里・広瀬…山村の生活
女の仕事………「山の子ども」の母親の仕事と生活
山の子どもたち…「山の子ども」三人の子どもの生活
分教場………「山の子ども」の学校

この六項目は「山の子ども」の教材と深くかかわっており、また、四年国語教科書「緑の野山（二）山をたずねる」とも深く関係している。しかも、この写真集『村

と森林』は斎藤喜博にも贈られ、熟知していたものと思われる。これらの情景をイメージしながら、「緑の野山」の「(二) 山をたずねる」、および、「山の子ども」の授業展開を考えたものと思われる。川島浩による撮影は、一九五五年頃からはじまり、一九五八年三月に出版され、船戸咲子の「緑の野山」の授業が一九五九年四月、赤坂里子の「山の子ども」の授業が一九五九年十二月〜六〇年一月にかけてであるから、時期的にぴったり適合している。そして、一九五七年六月十日から、川島浩は島小学校での写真撮影をはじめている。『村と森林』の写真、特に分教場の写真は、『未来誕生』の写真および島小の子どもを思いおこさせ、彷彿させ、二重に写しだされているようにも考えられる。そして『村と森林』の解説には次のように書いてある。

「山梨県三富村の広瀬という地区も、そうした数多くの山村の一つである。むろんこの一地区をもって、日本の山村のすべてを代表させることはできないが、四季を通じ、こういう環境の人々の労働と生活の一端はうかがうことができると思う。」

⑩『教育学のすすめ』[31]（一五七〜一五八頁）では「出口」の授業場面は感性の問題として提起され、「展開をつくる契機　その一・感性に訴えるもの」として取り上げられている。これは先に述べたように客観的な傍観者としての感じ方と当事者としてある状況におちいった場合、またある事件に直面した場合の感じ方とではものすごい格差があることに着目させている。これはまさに的を得た「ゆさぶり」であると考えられる。

⑪『授業』と『教育学のすすめ』にある整理するための板書は、整理すると同時に新しい問題を子どもに投げかけ、森の出口がどこか、子どもたちの解釈よりも、もっと広がりをもったものであることを言いたかったのであろう。「そんなところは出口ではない」、「私の方が正しい……」と子どもを驚かすように働きかけ、「校長先生がああ言っているのなら、何か深い意味があるかも知れない」と子どもは受け止め、思考を深めていく場合がよくある。

⑫『授業』に次のような記述がある。

「そこで私は次のような話をした。『みんな一しょにならんで島村の外へ出て行く時、どこまで行ったら島村の出口へ来たというだろうか。島村と、となりの村との境には橋があるが、橋の出はずれのところへ行った時、出口へ来た、というのだろうか、それとも、近くに橋が見えてきた時、出口へ来たというのだろうか』と言った。

私がそういう話をすると子どもたちは『うん』と強くうなずいたり、『そうだ。わかった、わかった』といったり『私もそう思った』といったりしながら、今までの自分たちの考えを否定し、私の出した考えのほうに移ってきた。それはちょうど、子どもたちが、自身でそれを発見したような満足した様子のものであった。」

前にした学習や生活と結びつけた例示・例証を提示するのは、子どもの考えが停滞していたり低い次元で落ち着いていたりする時、斎藤喜博校長がよく使う手である。自分が考えている教材解釈や考え方の方に導こうとするのではなく、子どもの思考を深め、子ども自身が発見したような思いをもてるようにする手である。

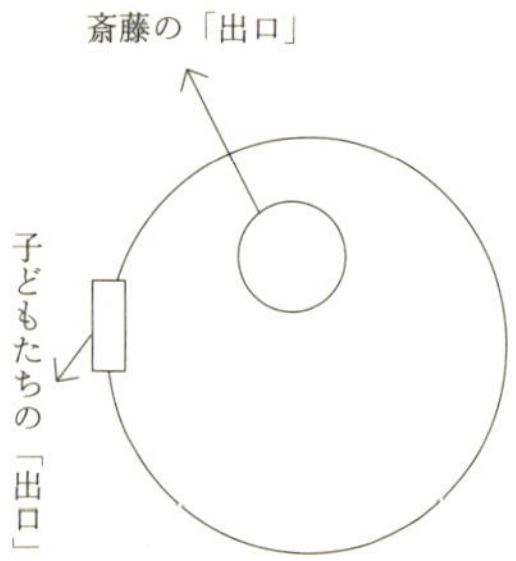


⑬　子どもと大人の知覚のちがい……教科書五〇～五一頁に「まさおくんは　あの大きな　けやきの　木の　所から　森の方へ　はいって　行って　しまって……。」「けやきって、あの　大きな　岩の　そばに　ある　けやきかね。」

森を仕事場にして木を切って、炭を焼いている大人は、森の地形、目印となるもの、複雑に入り組んだ道を熟知していた。子どもが言った「大きなけやき」は、森には沢山あり、あまり目印とはならない。したがって通学している山道の森の様子から、大人は、「大きな岩」が目印となり、そこからどのような道順で森の方へ入って行ったか、すぐに予測できたのである。

当然、ここでも「森の出口」を子どもに考えさせるために、この部分を取り上げ、問題としながら「森の方へ」に着眼させたのである。そして森の広がり、奥深さ、複雑さを子どもたちは理解するようになったのである。

⑭　「出口」論争となった横口授業「山の子ども」の授業過程……この時間は『未来誕生』解説文によると発表学習の時間である。一九五九年十二月四日、第五回島小公開研究会の後なので、教師たちは、ほっとした気持ちで授業に臨んでいたと思われる。しかし、斎藤喜博校長はこの時の公開研究会を境として、島小の実践を日本全国の島小として位置づけるようになっていった。よって年が明けると教師に対して容赦なく横口を出していった時期である。(32)

これまでの①～⑭、および「横口授業の分析」等をふまえると、表1のような授業過

表1　横口授業「山の子ども」の授業過程（発表学習）

| 時間 | 担任赤坂里子 | 校長斎藤喜博 | 授業内容および備考 |
|---|---|---|---|
| 開始 | （入室）<br>赤坂授業 | ・ | |
| 4分 | | （入室） | |
| 5分 | | 横口① | ・"かぎ"の解釈とその形についての横口<br>（『授業』p.12-p.13の記述） |
| 7分 | 赤坂授業 | （退室） | かぎかっこの「　」は、└───こういう形だね。 |
| 22分 | | | （写真家　川島浩入室） |
| 25分 | | （入室） | |
| 27分 | | 横口② | ・"しばらく"という時間について、"ちょっと"とくらべるよう助言的な横口 |
| 30分 | 赤坂授業 | | |
| | | 横口③ | ・どんどん行ってしまうまさおさんの気持ちと、心配してるあきおさんとみよこさんの気持ちと、心の葛藤についての整理するための板書による横口 |
| | 赤坂授業 | | 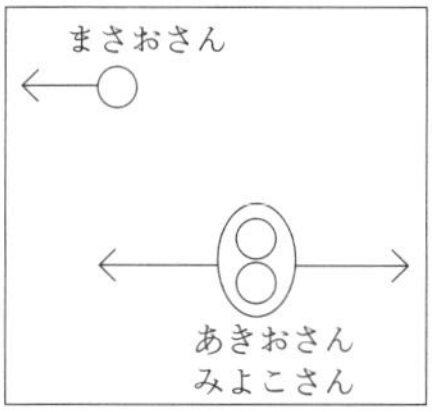 |
| 35分 | | 横口④ | 「森の出口」についての整理をふくむ横口<br>・みんなが汽車にのっているとしたら、トンネルの出口は、どんなふうに見えるかな…… |
| | | （斎藤授業、<br>約20分間） | ・そんなところは出口ではない<br>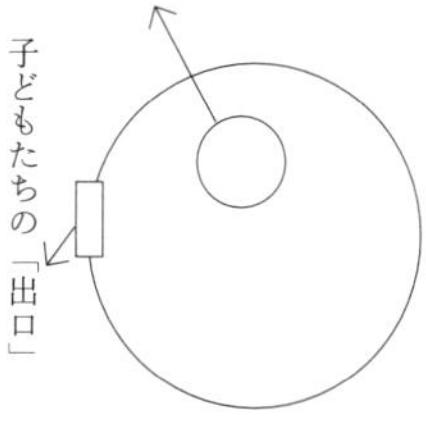<br>・同じ言葉でも、解釈は一つだけでない。<br>この文章では私の方が正しいと思う。<br>・みんながいっしょに島村の外に出て行く時……<br>・遠くの橋が近くに見えてきた時……<br>・森は、広がりがあり、深く、複雑なんだよ、……<br>（赤坂里子と斎藤喜博いっしょに退室） |
| 45分 | （退室） | （退室） | （すぐ後に、写真家　川島浩退室） |

表２　斎藤喜博の横口授業「山の子ども」の写真＝『未来誕生』(復刻版)

| 連番 | 未来誕生ページ | 教科書のページ | 写真へのコメント | 本当順序 |
|---|---|---|---|---|
| ① | 95 | 44 ～ 45 | 教科書のもち方、次のページに、左手の人差し指を入れている。② 96、⑭ 126 との連続写真である。顔の表情からいって、横口前である。 | 5 |
| ② | 96 | 44 ～ 45 | ① 95 と同じ。 | 3 |
| ③ | 97 | 48 ～ 49 | 教科書を小脇にかかえ、斎藤校長に食ってかかって、反論している。 | 14 |
| ④ | 98 | 48 ～ 49 | ③ 97 と同じ（③④は連続写真であり、㈳ 202（イ）に続く） | 15 |
| ⑤ | 99 | 47 | 鉛筆を左手で、中指と人差し指の間でもっている。「あれ、おかしいな……」⑥ 100、⑦ 101、⑧ 102 の前ではなく、むしろ後の方が適当。 | 9 |
| ⑥ | 100 | 47 | ⑤ 99 と異なり、鉛筆を右手でもっている。わかったと思ったが、糠喜び。 | 6 |
| ⑦ | 101 | 47 | ⑤ 99 を経て、また考え出す。 | 7 |
| ⑧ | 102 | 47 | （⑥⑦⑧は連続写真である） | 8 |
| ⑨ | 123（上） | 42 ～ 43 | 授業の中で、緊張はみられない和気あいあいとして、横口前の授業風景。 | 1 |
| ⑩ | 123（上） | 44 ～ 45 | ⑨ 123（上）と同じ。 | 2 |
| ⑪ | 124（上） | 47 ～ 48 | 黒板を指しながら反論している。 | 11 |
| ⑫ | 124（下） | 47 ～ 48 | 赤坂さん、横口を戻される。 | 12 |
| ⑬ | 125 | 47 | どう考えたらよいか、ぼう然としている。 | 10 |
| ⑭ | 126 | 44 ～ 45 | 初版は⑳ 202（イ）である。① 95、② 96 から続く。 | 4 |
| ⑮ | 127（上） | 48 ～ 49<br>50 ～ 51 | 森の出口について、斎藤校長の横口。 | 17 |
| ⑯ | 127（下） | 47 ～ 48 | 自分の意見を、黒板を指さしていっている。 | 13 |
| ⑰ | 128 | 48 ～ 49<br>50 ～ 51 | 子ども何人かわかってきている。 | 18 |
| ⑱ | 129 | 49 | チャンチャンコの子どももよくわかってきた。 | 20 |
| ⑲ | 130 | 49 | どうしてわからなかったんだろうと。 | 19 |
| ⑳ | 202（イ） | 48 ～ 49 | 本来、⑭ 126 である。③ 97、④ 98 から続く　反論したが、しきれず、ぼう然としてしまって立ちすくんでいる。 | 16 |

程であったと考えられる。さらに、写真分析等から『未来誕生』(復刻版)の二〇枚の写真は表2のように並べ変えることができる。

### (4) 今後の課題

教育科学研究会・教授学部会が発足した時、次のような研究課題を設定した。[33]

(一) よい授業とはどんな授業のことか

授業の良し悪しを判断する基準は何か、成功した授業というものは、どんな授業のことか

(二) よい授業とはどのようにして生み出されるか

① 教科・教材と授業展開とのかかわり

(イ) 教材の良し悪しの問題、教科・教材の系統性の問題

(ロ) 教師による教材解釈・教材研究の問題

② 授業展開の基本原則

学習における子どもの自主性の保障、子どもたちの共同学習・討議の組織、学習の段階論、形態論など

③ 教師の人間性と授業展開とのかかわり

授業の組織者・演出者としての教師の問題

④ 子どもの現実と授業展開とのかかわり

学級の子どもの実態、地域の特殊性、家庭教育、マスコミの影響などをうけつつあ

る子どもの問題

⑤　学校体制と授業展開とのかかわり

学校の本来の課題とあり方、勤評・テスト体制下の現実の学校の問題

しかしながら、これらの研究課題も遅々として研究が進展していない。斎藤喜博は「私は実践家だ。……私の実践を対象化してまとめて教授学を建設していくのは研究者の役目であり、仕事である。」と常々話をしていたという。とくに最近では斎藤喜博の授業論を研究・実践しながら、それを矮小化する動きさえある。

一九九一年は斎藤喜博が没してから十年。今こそ、もう一度斎藤喜博の授業論を問い直し、掘り起こしていく絶好の機会であると考えられる。

〈参考文献〉

1　井上光洋「斎藤喜博の介入授業の分析」東京学芸大学紀要、第一部門教育科学、一九九〇年三月。
2　有園格「『出口』論争十周年……その争点をふりかえって」現代教育科学、No.371　一九八七年十月。
3　斎藤喜博『教師の実践とは何か』国土社、一九六八年四月。
4　大西忠治『教師にとって実践とは何か』明治図書、一九六九年九月。
5　吉田章宏『学ぶと教える 授業の現象学への道』海鳴社、一九八七年九月。
6　宇佐見寛「教授方法論批判」明治図書、一九七八年三月。

7　大久保忠利「ゆさぶり論争・いかに止揚されるべきか」国語の授業、No.42　一光社、一九八一年二月。

8　宇佐見寛「具体的に問ぅ高田、望月両氏に対応して」現代教育科学、No.308　一九八二年七月。

9　安彦忠彦「教育研究における記述の問題と論争の仕方について」現代教育科学、No.371　一九八七年十月。

10　望月善次「『出口論争』の批判のあり方宇佐見氏の「換情的な語（法）の非有効性」現代教育科学、No.304　一九八二年三月。

11　高田清「授業研究における『実践記録』の役割は何か『出口・ゆさぶり論争』にみる読み方の対立点」現代教育科学、No.304　一九八二年三月。

12　池田久美子「『出口論争』の教訓」現代教育科学、No.317　一九八三年四月。

13　鶴田清司「斎藤喜博の『出口の授業』なぜ評価が分かれたか」国語教育、No.400　一九八八年十月。

14　府川源一郎「『出口』論争から学ぶ教材『山の子ども』の出口＝入口」国語教育、No.338　明治図書、一九八八年一月。

15　高橋金三郎「『森の出口』から森の出口へ」授業論Ⅰ、現代教育科学、No.279　一九八〇年四月。

16　斎藤喜博『授業入門』国土社、一九六〇年四月。

17　武田常夫「私の介入授業の経験」『斎藤喜博抄』九一～九四頁、筑摩書房、一九八九年。

18　斎藤喜博編著『介入授業の記録（上、中、下、続、続々）』一莖書房、一九七七、一九七九年。

19　川島浩・斎藤喜博、写真集『未来誕生』（復刻版）一莖書房、一九八一年三月。

20　斎藤喜博『授業』国土社、一九六三年十月。

21　柳田国男編「あたらしいこくご　三年（Ⅱ）」東京書籍、一九五九年。
22　赤坂里子『島小での芽をふく子ども』明治図書、一九六〇年。
23　斎藤喜博『授業の展開』国土社、一九六四年二月。
24　近代映画協会「芽をふく子ども」一九六〇年。
25　ＮＨＫ、一九八四年六月放映「時代のなかの教師像　戦後民主主義教育の原点 斎藤喜博」。
26　斎藤喜博編『島小の女教師――私を変えてきたもの』明治図書、一九六三年四月。
27　柳田国男編「新しい国語四年（Ⅰ）」東京書籍、一九六三年。
28　船戸咲子「子どもの発言を生かす」現代教育科学、No.37　一九六一年七月、六九〜七二頁。
29　斎藤喜博「教師の教材研究は授業の基礎」現代教育科学、No.38　一九六一年八月、七〜一二頁。
30　川島浩、岩波写真文庫『村と森林』、岩波書店、一九五八年、復刻版一九八八年。
31　斎藤喜博『教育学のすすめ』筑摩書房、一九六九年五月。
32　斎藤喜博『島小物語』麦書房、一九六四年七月、二三二頁。
33　斎藤喜博、柴田義松、稲垣忠彦編『教授学研究Ⅰ』国土社、一九七〇年十二月、二三九〜二四〇頁。

# 第三章

## 船戸咲子の国語授業
## 「美を求めて——レオナルドの『最後の晩餐』」の分析

この授業についての原資料は次の通りである。

①　写真集『未来誕生』の「授業の記録・4」と、写真一六枚

②『斎藤喜博の仕事』写真十一枚と解説文（『未来誕生』と写真二枚同じ）

③『世界』（一九六〇年四月号）グラビア、写真三枚（点検学習の場面と解説文）

④　新資料、写真一枚（公開研究会に向けて独自学習のまとめ）

③の点検学習の場面は、授業時間外の放課後の生活指導を含めたところなので、今回は除外し、①、②、④を基に授業を再現したい。

写真分析から次のことがわかる。

a．授業は十一月下旬から、十二月六日（第四回公開研究会）までの期間であり、公開研究会の写真は四枚である。

b．公開研究会の研究授業で、斎藤喜博は板書を伴う横口を出した。

c．写真から、子どもの見ている教科書の頁数がわかる。

d．「授業の記録・4」と写真とには若干のズレがあり、「各人各様」の「つぶし」の記録は記述されていない。

e．教師と子どもの表情、しぐさ等からある程度写真の順序を予想できる。（日課表も参考となる）

また、教師と子どもの表情やしぐさ、身ぶり、目線などの分析には、レオナルド・ダ・ヴィンチの「絵画を描く方法」、「手記」が参考となった。このことは斎藤喜博が後世の人が自分の授業を分析する時に仕掛けておいたワナか落とし穴かもしれない。斎藤喜博

が、笠原肇に「文学だってなんだって、全部類推なんだ、個人用に残したメモとかノートは、きれいに消していくからね。あとは類推してもらうしかないわけなんだね。」と言ったことばは、これらのことの証左であろう。

これらの写真分析と、写真そのものがもっているさまざまなキュー（たとえば板書など）となる情報を基に、授業の記録と突き合わせながら「教授行動の選択系列のアセスメント」の方法により、写真の順序を確定していくと次頁の表のようになる。

表　「美を求めて――レオナルドの『最後の晩餐』」の写真の順序

| 一連番号 | 【未来】『未来誕生』頁<br>【仕事】『斎藤喜博の仕事』写真番号 | 教科書頁 | 写真へのコメント | 本当の順序 |
|---|---|---|---|---|
| 1 | 【未来】145 | 74 ～ 75 | | 12 |
| 2 | 【未来】146（上） | 66、69 | 寒い日なので日なたぼっこしながら読む | 11 |
| 3 | 【未来】146（下） | 67、10 行目 | 「劇…」に着目、教師 66 | 1 |
| 4 | 【未来】147（上） | 69、7 ～ 12 行目 | 67、7 ～ 12 行目に着目し、相談 | 13 |
| 5 | 【未来】148（上） | 66 ～ 67、<br>68 ～ 69 | | 3 |
| 6 | 【未来】148（下）<br>【仕事】125 | 66 ～ 67、<br>68 ～ 69 | | 6 |
| 7 | 【未来】149（右） | 66 ～ 67 | | 15 |
| 8 | 【未来】149（左） | 66 ～ 67 | | 16 |
| 9 | 【未来】150（上） | 66 ～ 67、<br>68 ～ 69 | | 18 |
| 10 | 【未来】150（下）<br>【仕事】138 | 65 | | 9 |
| 11 | 【未来】151（上） | 66 ～ 67 | | 19 |
| 12 | 【未来】151（上） | 66 ～ 67 | | 20 |
| 13 | 【未来】152 | 66 ～ 67 | 「モナリザ」「岩窟の聖母」の絵がある | 14 |
| 14 | 【未来】153 | 66 ～ 67、<br>68 ～ 69 | | 17 |
| 15 | 【未来】154 | | 帰り仕たく、舞踊の衣裳（女の子） | 11 と 12 の間 |
| 16 | 【未来】172 ～ 173 | 66 ～ 67 | 公開研究会 | 25 |
| 17 | 【仕事】123 | 66 ～ 67 | | 4 |
| 18 | 【仕事】124 | 66 ～ 67 | | 5 |
| 19 | 【仕事】126 | 66 ～ 67 | | 7 |
| 20 | 【仕事】136 | 66 ～ 67 | | 2 |
| 21 | 【仕事】137 | 65 | | 8 |
| 22 | 【仕事】139 | 65 | | 10 |
| 23 | 【仕事】169 | 65 | 公開研究会 | 24 |
| 24 | 【仕事】170 | 65 | 斎藤喜博「人の子…私」と横口 | 23 |
| 25 | 【仕事】171 | 66 ～ 67 | 公開研究会 | 22 |
| 26 | 新資料 | 64 ～ 75<br>（全頁） | | 21 |

## 1　写真と授業の展開過程

表にある「本当の順序」にしたがって写真を並べ換え、授業の展開過程を考慮して、写真にコメントを入れた。写真の中の子どもが見ている教科書の頁数は、すでにわかっているので展開過程のおもな枠組みの模擬・復元は容易である。

「授業の記録・4」（『未来誕生』一三三頁）に、授業計画が記述されている。

全体の指導計画は次の通りだった。

一、独自学習　一四時間

○　読みの練習をし、文のあらすじをつかむ……………………………三時間

○　むずかしい文章や語句を見つけ出し、自分の問題点とする…………二時間

○　問題を出し合って「つぶし」をする………………………………三時間

○　残された「学級問題」を学級の学習の山とし、

　　それに向かって自分なりの解釈をする……………………………四時間

○　友だちと話し合う……………………………………………………二時間

二、発表学習………………………………………………………………四時間

○　物語と、それをとらえようとするレオナルドの苦心………………二時間

○「苦心」と「未完成に終わった」ということについて……………………二時間

三、整理学習…………………………………………………………………二時間

ここに上げた記録は、この指導計画の中の独自学習に入る時の場面と、独自学習で、子どもたちがそれぞれの自分の問題を他の子どもとぶっつけ合ったり、教師がそれをつなげたり、整理したりしている場面とになっている。

〈中略〉

この単元は、前にも、二度三度、他の先生が授業をされて、いろいろな授業の型が残されているのです。この土台の上に、また新しいものをつくり出していきたいと意気ごんでいました。

1・一連番号は3

2・一連番号は20

〔十一月〕

【写真1】

「その時の劇のような効果は失われてしまいます」とあり、「劇のような効果」とはどんなことを意味するのか。もともと「劇」とはどんな意味をもっているのだろうか。

【写真2】

・ユダはどうしてうらぎったのだろうか、にげればよいのに。
・キリストはなぜ、「げに人は定められたるごとくゆくなり」と、うらぎりを受け入れたのだろうか。
・キリストの心はきれいすぎる……これはどういうことなのだろうか。

（十一月の日課表の黒板が写っている。）

3・一連番号は5

4・一連番号は17

【写真3】

「各人各様のおどろき」は独自学習の初めのところで、「つぶし」ておかなければならない。（六六頁、五行目）

・「各人各様」とはどんな様子のことか。
・各人はそれぞれ、十二人の弟子。
・各様の「様」とはどんな意味。

【写真4】

・「様」は何々様の「様」ですか。
・「様」っていうのは様子だよね。

5・一連番号は18

【写真5】

・弟子の十二人が「各人」ね。

・同じとか「等しい」じゃないね。

・おどろき方がみんなそれぞれ異なってちがうこと。

・ユダもおどろいたんだよ。一番おどろいたのかもしれないよ。（教科書六五頁・七行目）

6・一連番号は6

【写真6】

・教科書六八頁にある「最後の晩餐」の絵をもう一度よく見て。十二人の弟子や、身体のかたち、表情、目はどこを見ているのかな。手のしぐさや着ているものだってみんなちがうでしょ。

7・一連番号は19

【写真7】

・ユダなんか、お金を入れる袋なんかもっちゃって、いかにもおどろいている様子が描かれているでしょ。

・右の方の三人なんてキリストの顔をまともに見られないで、何がこれからおこるのかとまどってるみたいでしょ。

8・一連番号は 21

【写真8】

・ユダっていかにも人相が悪いのね。

9・一連番号は 10

【写真9】

・弟子にうらぎられたキリストの気持ちってどんなだろう。

10・一連番号は 22

【写真10】

・でも、この絵を描いたレオナルドってすごい絵かきさんね。

11・一連番号は 2

【写真11】

読みの指示

「もう一度初めから読み直して。気がつかなかったことば、勘違いしていることがたくさんあるかもしれない。」

(この日は、寒い日なので日なたぼっこをしながら読んでいる。ストーブは十二月から入る)

12・一連番号は 1

【写真12】

・「未完成」に終わったと伝えられているけど、他のキリストの絵より上手に描けている。

13・一連番号は4

【写真13】

教科書六九頁・七～一二行目

「レオナルドは、朝早くから足場に上がり、夕方暗くなるまでそこにいて、食べることも、飲むこともすっかり忘れて、絶え間なくかき続けました。そうかと思うと、こんどは、三日も四日も僧院に姿を現さないことがありました。また、足場に上がって行っても、時によると、小半日もかきかけの絵の前で考え込んでしまい、筆をとろうとしないこともありました。こういうことをくり返していたので、絵はなかなかでき上がりませんでした」の解説について相談している。

14・一連番号は13

〔十二月〕

ここからは『未来誕生』の「授業の記録・4」の解説文。一三三頁～一三四頁【北川】

## つぶしということ

文章が読めて、文の大体の意味がつかめると、それぞれの子どもたちは、自分なりに、むずかしいと思う文章や語句を見つけ出して「私の問題点」として、その問題について自分なりの考えを出したり、辞書をひいたりしてしらべることに入ります。自分の考えが出て、問題がノートに整理されると、友だちと考え方の交かんをします。その時も子どもたちのノートを見ると、赤い◎印や×印、問題点には△印などが、いっぱい書き込まれて、そのそばに〈公子さんの考え方とちがう〉とか、また自分の考えが

15・一連番号は7

16・一連番号は8

変わってきた子どもは、→印をし、〈正子さんと話したら、私のはちがっているらしい〉などと書いて、また自分の考えが書かれたりしてあります。

知恵子さんがシゲ子さんと頭をくっつけ合って、何か言い合っていましたが、シゲ子さんが、「考え方がすこしあさかったんね、私は」と言って、笑いながらノートに×印をつけたことがありました。その時の二人の問題は、「レオナルドが絵の前でぼんやり思いふけっている……」という文章の中の「思いふける」という言葉の解釈でした。知恵子さんは「思いが深くなることだから、深く思い込んでいることだ」というのです。シゲ子さんは、「ぼんやり、とあるから、しょんぼりしていて、元気のないようすのことだ」というのです。

すると知恵子さんは「しょんぼりしている、というとさびしそうだけれど、レオナルドは、キリストの一言で弟子たちがおどろいたその時の劇のようなおどろきを、どうしたら表現できるかを考えているのだから、しょんぼりとはちがうみたい」と、なかなかよく文を読みとった説明をしていました。知恵子さんのノートを見ると、そこには、赤い丸印の中にまた▽印が入って書き込まれています。

このノートを見ていると、知恵子さんの考え方や、勉強ぶりがにじみ出てくるように感じられました。自分の考えが浅かったことがわかったシゲ子さんは、自分のノートに、大きな×印と、それから→印をひいて、知恵子さんの考えを書きはじめました。

### 知恵子さんのノート

●70頁3行目
文「レオナルドが、絵の前で、ぼんやり思いにふけっていることなどは、どうも、ふしぎでならなかったのです。」

▽シゲ子の考えとちがう（元気のないようす）

思いふけるというのは、夜がふけるのふけると同じと考えて、夜がふけるは、夜が深くなることだから、ここでは、思いが深くなることだ。

▽レオナルドは、絵のことにねっちゅうして、深く考えていたから、ぼんやりしたのだ。

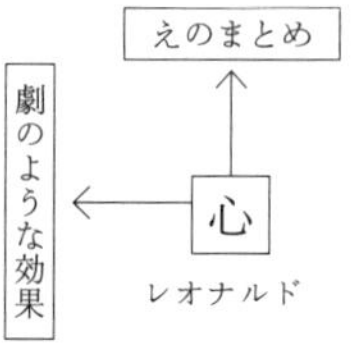


この二人の問題を、みんなの問題として、今、考えさせなければならないと思いました。それは、他にもこの問題をやっている子どもたちがあったし、今ここで、この問題をかたづけておく方が、これから出てくる大きな山になる問題を考えていくのに都合がよいからなのです。こんな仕事を、私たちは、「つぶし」と言っています。

「みんな、聞いてください」と私が声をかけると、それぞれの場所でやっていた子どもたちの顔がいっせいに私の方に向けられました。私は、今、知恵子さんがシゲ子さんと話し合っていたことを説明しました。すると私の説明の終わるのを待っていたかのように、晃さんが顔をかがやかせて、立ち上がりました。「おれは、今、好之ちゃんとやっていたところだった」と言って、うれしそうに話し出しました。「レオナルドはね、町の場末に出かけて行ったり、ならずものの顔を見つけたりしたんだけど、ユダの顔ができないから、がっかりしちゃったんだと思う」と言いました。すると好之ちゃんも「うん、そうだ」と同調しました。

するとさっき知恵子さんと話し合ったシゲ子さんが立って「そう、じゃ、私がはじめ言った意見と同じだね。私はそうじゃあないと思うんよ」と知恵子さんの考えに応援をはじめました。シゲ子さんは何かいい考えがうかんだらしく、本をめくりはじめました。きっと、文章の中から考え出したにちがいありません。シゲ子さんはそういうことがうまい子なのです。すなおに他の人の考えをうけ入れられる子であるから、自分の考えも発展させていくこともできるのだ、と思います。シゲ子さんが本をめくっている間に、弘子ちゃんが話し出しました。赤い辞書を見せて、「私は、この辞書で引いたのだけど、『ふける』というのは『むちゅうになること』と出ていたから、レオナルドは絵のことで、心がいっぱいになったのだと思います」と言いました。するとこんどは辞書の好きな栄ちゃんが青い辞書を持ちあげて言いました。「この辞書には、『夜おそくなる。心をうばわれる』とある。」

するとみんなが、「それは、夜の方でなくて、心をうばわれるという方がここではあっている」とか「だからレオナルドは、絵のことに心をうばわれていたんだよ」などと、なかなかいい考えが出てきました。私は、今出ている子どもたちの考え方はみなよいと思いましたが、さっきから大きな国語辞典をめくっている二郎ちゃんがいるので、「まだ何かありますか」と聞いてみました。二郎ちゃんは、「一九二〇頁にあった」と言いながら、うれしそうに読みはじめました。「深く心をそのものに注ぎて他をかえりみず」とむずかしいことばを見つけ出しました。さっきから出ている弘子ちゃんや栄ちゃんのとまたちょっとちがうので、私が板書しました。そして「そのもの」を問題にしました。子どもたちは、よくわかっていました。

みな「絵のことだ」とか「ユダの顔のことだ」などと言っていました。辞書から出た考えや、自分の考えが、ひとつになってきたので、本の文章からそのことをはっきりつかませたいと思ったので、「この文章の中に、思いふける、ということばを表している文章があるだろうか」と質問してみました。シゲ子さんが立ちあがりました。「前の六九頁にあります」と言って、読み出しました。

「レオナルドは、朝早くから足場に上がり、夕方暗くなるまでそこにいて、食べることも、飲むこともすっかりわすれて、絶え間なくかき続けました。そうかと思うと、こんどは、三日も四日も僧院に姿を現さないことがありました。また、足場に上がって行っても、時によると、小半日もかきかけの絵の前で考えこんでしまい、筆をとろうとしないこともありました」

そこまで読むとしずかにすわりました。他のみんなも、「そうだ」というように、うなずいていました。

こうして、「思いふける」ということばは、初めは二人でつぶされ、次には学級のみんなの力によってつぶされたわけです。このようにして、子どもたちから出てきた

17・一連番号は14

18・一連番号は9

問題が子どもたちの間でつぶされたり、みんなの問題になってつぶされたり、また、生かされて、大問題（学級問題）として残されて次の学習が組み立てられていくわけです。

## 大きな山

子どもと子ども、教師と子ども、また、ひとりで、考えぬいていく子、というような、さまざまな学習の中で、ひとつの考えが何回も変わったりしながら、大きな山である学級問題がつくられていくのです。そして、このみんなでつくり上げた大きな山を、またみんなの力でくずしていくのです。

子どもたちは、そのことによろこびを味わい、学習への意欲もわいてくるわけです。

前の「思いふける」ということばの中から「レオナルドは、何を書こうとして、そんなに思いふけっているのだろう」という問題を私はなげかけてみました。子どもたちは、さまざまな考え方を出してきました。

○キリストの一言で弟子たちがおどろくという、その時の劇のような効果が出したいからだ。
○弟子たちの心の中にまき起こった、各人各様のおどろきが書きたいのだ。
○ユダの顔とキリストの顔を書くのに。

19・一連番号は11

このような問題点を子どもたちは、いろいろな角度から学習しはじめました。「私の考えは、こうだ」とか「私は、図で説明するけどね……」などと、教室の中が、「各人各様のおどろき」と「劇のような効果」の学習でわき立ってきました。こうなってきた時、これを学級の問題点（大きな山）として、全力を上げてやっていくわけなのです。私は、その子どもたちの問題をのがさずに、みんな頭の中におさめたいと思って、子どもの中に入りました。

教室のうしろのすみの方では、知恵子さん、公子さん、みち子さんの三人がこの文章の中から、各人各様の説明をしようとしています。そして、七三頁の文章をさかんに考え合っていました。

「ちょうど今言い放たれた一言で、あらしのようなおどろきが、弟子たちの上にまき起こり、波のようにゆれて左右に伝わり、両はしに至って『だれなるか』という問いとなり、再びキリストにもどっていくように見えます。」

この文章をこまかくだいて、考えているわけです。これと同じグループが前の方の久子ちゃんたちです。この二組がまたちがった解釈をしているところもあるのでおもしろくなりそうです。剛之ちゃんと理ちゃんの組は、教科書のさし絵にくいつくようにして、ユダのようすやキリストのようすを考え合い、ノートに書き込んでいました。

弘子ちゃんとつねちゃん、正子さんのグループは「劇のような効果」をやっていました。小黒板を出して、書きはじめました。話を聞いていますと、おもしろい問題を言い合っています。

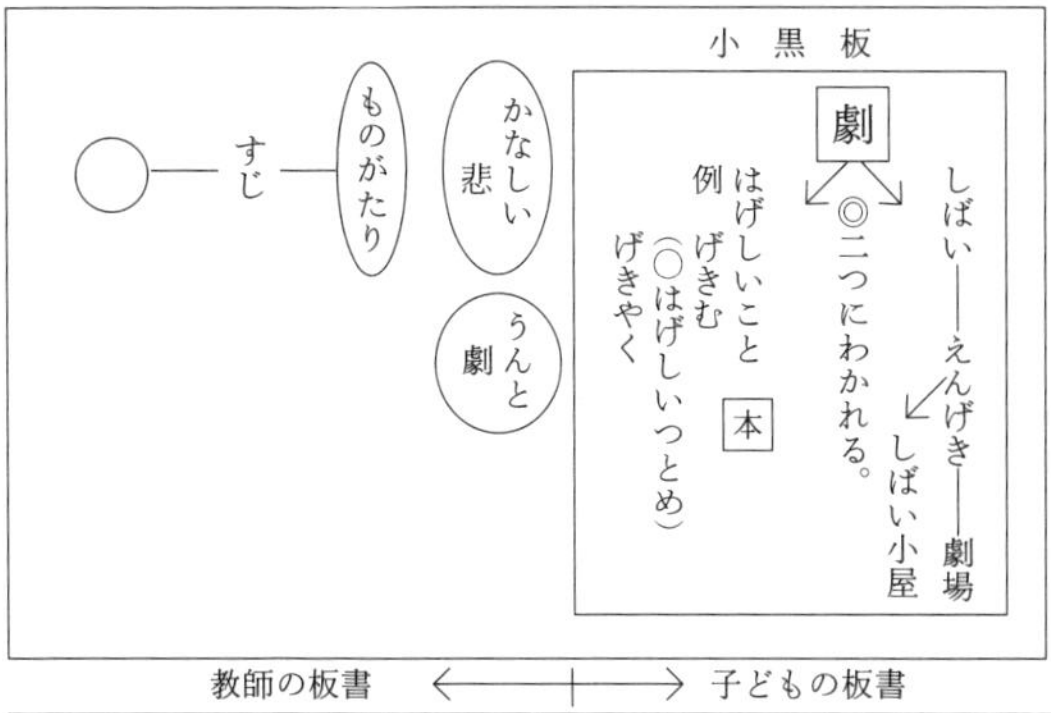


小黒板への板書

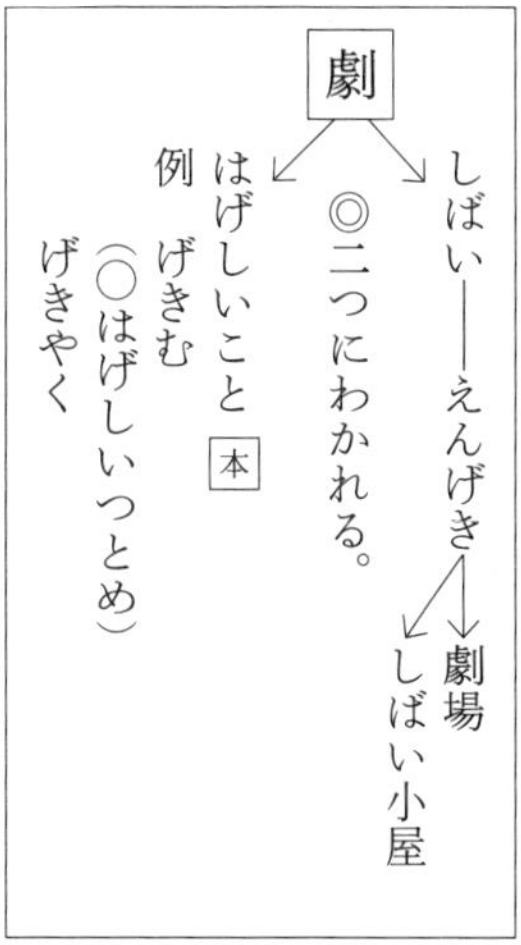


つね子「劇は劇でも二つあるね」
弘子「はげしい、というのと、私なんかがならってする劇は、ちがうよね」
正子さん「演劇というのは急にやるのではなくて、つくりことばでやるけど、ここでは、そうでなくて、一言で急におどろくんだから、劇的と言った方がいいよね」
などと、言い合っています。子どもたちは、演劇のほんものの解釈をしていないのです。この二つの解釈から、そこまで深められると思って見ていました。

このように、いろいろなおもしろい問題があちこちにわき上がり、問題をまきおこしていました。子どもたちの動きが、そのまま、劇的な姿に見えてきました。

20・一連番号は12

【写真20】
発表学習（公開研究会）に向けて、まとめをしている。

21・一連番号は26

【写真21】
教科書六四～七三頁に出てくる文章のキーワード

1. 各人各様
2. わるもののかお
3. あらそい
4. 手のしぐさ
5. 筆をとろうとしない
6. 日夜考えました
7. デッサン
8. 四年もかかった
9. 人物のならべ方
10. 本でしらべた
11. 足場に上がって……
12. 　のむことも……
13. 人々の目

11と12の間・一連番号は15

【写真11と12の間】
算数の授業が終わり、帰りしたくをしている。
（国語の授業ではない）

23・一連番号は 24

22・一連番号は 25

【写真22】から【写真25】までは、昭和三三年の第四回公開研究会での六年生の授業であり、斎藤校長が途中から入って発言している。

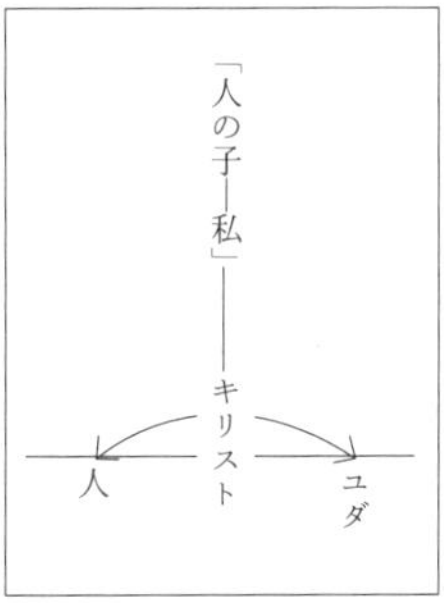

25・一連番号は 16

24・一連番号は 23

武田常夫が記述しているように、M教授の横口があった場面である。

• 人もまたユダのようになってしまうかもしれない。
• 人というのはどうしても欲をもってしまう。
• また、キリストも人だ。

## 2　公開研究会の研究授業での横口

斎藤喜博は、公開研究会の研究授業で、なぜ横口をあえて出したのであろうか。船戸咲子の授業計画の中で「問題点の『つぶし』」に三時間かけている。柴田梅乃実践では独自学習でつぶさなかったため、三つのキーワードとなる文章が発表学習で問題となってしまった。島小第一回公開研究会では、船戸咲子は、「げに人の子は……」のところは、M教授が横口を出したにせよ、それなりに子どもと対決しながら授業を展開していくように考えられるが、具体的な授業の記録はない。

仮に、柴田梅乃実践を原型に、三つの問題点のつぶしを独自学習で行っていたとしたら、写真21の板書の中に「げに人の子は……」があるはずなのに、板書されていない。「各人各様……」と「苦心――未完成」についての板書は一三項目にわたって書かれている。「つぶし」で「げに人の子は……」をしていたとしてもその掘り下げ、深めによる解明が不足していたと思われる。

そこで斎藤校長は、すかさず、横口を出していたのである。横口は「それは親方の一ときの力というようなもので」と日頃はよく言っていたが、この斎藤喜博の横口はかなり前もって準備していたと考えられる。斎藤校長の日課は島小分校、本校を見てまわり、廊下を歩くだけで教室の雰囲気を知覚し、それぞれの教師が教室で大体どんな授業の展

開がされているのか、わかっていたという。(武田常夫、『授業の発見』など)
さらに、この授業について後日、船戸咲子は述懐している。

「第四回の公開研究会をむかえ、授業をした時のことです。教室いっぱいの参観者の前で、ベルがなったのに、『もっと遊びたい』と言いはられたり、いよいよ授業に入ると『昨日の学習の用意をしたのを忘れた』などと、あちこちで声がしたりで、私はどうしようかと思いましたが、なんとか、一時間の授業を自分の思うところまでひっぱっていくことができました。私は、こんな苦しい授業ははじめてでした。あとで斎藤公子さんに『前は、子どもの良さにいすわって授業をしていたが、こんどは、子どもといっしょに苦しんでいた』と言われました。私はその時、子どもといっしょに苦しんで、たとえひくいことでも、その時その時の新しいものをつくり出して、積みかさねていこうと思いました。」

(『授業の創造』七三~七四頁、当時斎藤公子は深谷の保育園長)

では、横口の内容は、子どもへのどんな働きかけであったのであろうか。写真3~7にある「各人各様のおどろき……」と「苦心——未完成」の二つの事柄を裏づけているのは、キリストの言葉「げに人の子は……」である。この教材解釈を前提に、もう一度問い直す解明行動と説明が必要であると意志決定をしたのであろう。
斎藤喜博が『授業の展開』で記述している。

「教師は、『問いかけ』や『問い返し』をするわけである。とくに『なぜ』とか、『どうして』とかいう『問い返し』を多くしなければならない。問い返しをすることによって、子どもの内部にあるものを正確に引き出したり、あいまいなものを明確なものにしていったりし、それを他の全員の考えとつなげていくことができるからである。」

〈参考文献〉



斎藤喜博・川島浩、写真集『未来誕生』（復刻版）、一莖書房、一九八六年。

斎藤喜博『島小物語』麦書房、一九六四年。

斎藤喜博『未来につながる学力』麦書房、一九五八年。

斎藤喜博『授業の創造』明治図書、一九六三年。

斎藤喜博『授業の展開』国土社、一九六四年。

井上光洋「斎藤喜博の横口・介入授業の分析（二）」日本教育学会第五一回大会発表要旨、一九九二年。

井上光洋、「斎藤喜博の介入授業の分析 分析の方法論的視座」、東京学芸大学紀要第四一集、一九九〇年。

笠原肇『評伝・斎藤喜博』一莖書房、一九九一年。

杉浦明平訳『レオナルド・ダ・ヴィンチの手記』（上・下）、岩波文庫、一九五八年。

Hayward Galleny "LEONARDO DA VINCI" South Bank Centre, 1989.

Ladislao Reti et al "The Unknown Leonaldo" Abradale Press, 1990.

# 第四章

## 武田常夫の国語授業「天下一の馬」の分析

## 1　はじめに

武田常夫の授業については、これまで、吉田章宏、宮崎清孝、鶴田清司など多くの方々が分析してきている。

しかしながら、授業過程全体を、浮き彫りにするような分析はなされてきていない。その理由は、武田常夫は、授業を次のような視点から記録しようとしていたからである。

① 自分（武田）の授業の中での葛藤や子どもの姿を記述しようとしている。

② 教材に即した発問、説明などを記述している。

③ いわゆる授業記録というより、授業の山場や、ゆさぶりの場面をリアルに記述している。

武田常夫の授業については、鶴田清司が詳しく分析しているのでここでは言及しないが、典型的な発問「なぜ」「どうして」「どんな気持ち」を子どもにぶつける時、どのような授業を展開していくのかに着目していくことにする。

本論で取りあげるのは、『未来誕生』の「授業の記録・3」「天下一の馬」で、「教授行動の選択系列のアセスメント」という方法による模擬、復元を中心におき、教材解釈と発問にも視点をあてて考察することにしたい。

## 2 「天下一の馬」の授業の分析

独自学習の終わりの頃、一一〇頁・八行目と、一一一頁・二行目の文章を問題としながら、

① 黒馬の「ひづめの音」パカパカ　（一一〇頁・八行目）
② 悪魔の子の「ひづめがはえ」　（一一一頁・二行目）
③ 「雪ぐも（雲）」が通りすぎていく様子　（一〇九頁・七～一四行目）
④ 世にめずらしい「世」とはどんな意味か　（一〇九頁・三行目）

などを取り上げ、子どもたちに甚兵衛と悪魔の子どものやりとり（一一〇頁・九行目～一一二頁・四行目）をどんなふうに言ったのかな、と演技するように働きかけてきたのである。（一九五九年三月二四日（火））

そして翌日（三月二五日（水））『未来誕生』の「授業の記録・3」にあるような授業に展開していくのである。

『未来誕生』と『斎藤喜博の仕事』などには、全部で二〇枚の写真が記録として載っている。その順序は次頁の表の通りであるが、教科書は一〇八～一一五頁を子どもたちが見ている。また、ノートにまとめたり、国語辞典を引いたり、先生に質問したり、相談しながら授業が展開している様子がうかがえる。

表　武田常夫の国語授業「天下一の馬」の写真とその順序

| 一連番号 | 【未来】「未来誕生」ページ【仕事】『斎藤喜博の仕事』写真番号 | 年月日 | 授業過程の順序 | 備考・斎藤喜博の解説 |
|---|---|---|---|---|
| 1 | 【未来】135、【仕事】135 | 昭和34年3月28日（土） | 14 | 広雄君に着目 |
| 2 | 【未来】136（上） | 3月25日（水） | 4 | |
| 3 | 【未来】136（下） | 3月25日（水） | 3 | |
| 4 | 【未来】137 | 3月24日（火） | 2 | |
| 5 | 【未来】138～9、【仕事】127 | 3月28日（土） | 15 | |
| 6 | 【未来】140 | 3月26日（木） | 9 | |
| 7 | 【未来】141（上）、【仕事】130 | 3月28日（土） | 19 | |
| 8 | 【未来】141（中）、【仕事】129 | 3月28日（土） | 18 | |
| 9 | 【未来】141（下）、【仕事】128 | 3月28日（土） | 17 | |
| 10 | 【未来】142（上） | 3月27日（金） | 13 | |
| 11 | 【未来】142（下） | 「天下一の馬」の授業ではない。物語を読んでいるところで、子どもが異なる。 | | |
| 12 | 【未来】143（上） | 3月26日（木） | 8 | 写真131ではいま教師は子どもたちの間に座っている。床の上に膝をついているのであろう。質問に来た子どもが教師の肩にもたれるようにしている。じっと無言で聞いている教師の顔が何とも言えない。自分の番を待っている次の子どもも、友だちの質問をじっと聞いている。写真は132は131につづく場面である。ここでは教師は、子どもの質問に答えるか、子どもの考えに対して、教材の部分を指摘しながら示唆を与えるかしている。133ではまた他の子どもが教師のところへ行っている。他の子どもは、自分の席でそれぞれ考えたり、他の子どもと話し合ったりしている。134、135では教師は他の子どものところへ移動していっている。問いかけているのであろう。 |
| 13 | 【未来】143（下） | 3月27日（金） | 11 | |
| 14 | 【未来】144（上） | 3月27日（金） | 12 | |
| 15 | 【未来】144（下） | 3月28日（土） | 16 | |
| 16 | 【仕事】131 | 3月25日（水） | 5 | |
| 17 | 【仕事】132 | 3月25日（水） | 6 | |
| 18 | 【仕事】133 | 3月24日（火） | 1 | |
| 19 | 【仕事】134 | 3月26日（木） | 7 | |
| 20 | （学研、115頁上） | 3月26日（木） | 10 | 悪魔の子どものイメージを描かせている。 |

武田常夫が分校で担当したのは、昭和三三年度で（『未来誕生』一九七頁、上段）、武田常夫は、この年の二月一六日、盲腸炎で手術をし、病み上がりで、授業も相当遅れていたようである。

この授業は、行事スケジュール表（一九五九年三月）、写真分析、「教授行動の選択系列のアセスメント」による分析によると、二四日（火）～二八日（土）の五日間にわたって撮影されたことがわかった。また、『島小十一年史』によれば、次のような記述がある。

〈卒業式（二九日）〉

卒業生が在校中に踊った舞踊は「芽生え」「みのり」からヒントを得て、式の構成も「芽生え」「肥料の吸収成長」「花ざかり」「あらし」「みのり」の部分をつくり、その中によびかけ、合唱、舞踊、演劇などを組み入れていった。二時間三〇分かかる。しかし、一年生から六年生までの子どもは終わりまで式に集中していた。

この時の卒業生、船戸学級（分校六年）は、前の海東学級についで、島小集団が新しくつくり出した典型的な学級であった。

したがって、この「天下一の馬」の授業は、卒業式直前まで行われ、そして、舞踊の衣裳を着た子ども何人か写っているので、この間、何回か舞踊、演劇の練習があったこともわかる。

1・一連番号は8

2・一連番号は4

【写真1】

教科書一〇九頁・一一行目「これならとまっていくにもおよばないと思って」の意味と甚兵衛の気持ちを想像している。

【写真2】

卒業式での舞踊・演劇の練習に参加するためか、中央上のノートをもっている女の子は、そのための衣裳を着ている。他にも何人かいたようである。ここでは、再び、『世にめずらしい』とはどういうことかな。どこが他の馬と違っているのかな……」と発問し、子どもから「黒い色をした馬がめずらしい。白い馬もあるけど……」

「うん、こんなにでかくて、丈夫なんだ、背も高くて……」と応答している。

3・一連番号は3

4・一連番号は2

【写真3】

「およばない」「いたってのんき」など、わからないことばを辞典を引いて調べている、そして、ノートにとる。

甚兵衛と黒馬との関係についても言及している。

修業式・卒業式をひかえ、みんなうきうきした気分で、いつもより子どもたちはおめかししている。

【写真4】

国語辞典で「およばない」の意味を調べ「小黒板」に書いている。

5・一連番号は16

6・一連番号は17

【写真5】

独自学習の場面

一人の女の子が先生に相談をもちかけている。ここでは、教科書一一五頁・五行目「それを見て、甚兵衛はアハハハと声高に笑い出しました。」

・どんな笑い方か。

・なぜそんなに笑ったのか。

7・一連番号は19

【写真7】

・どんな馬なのかな。

・黒馬と甚兵衛との関係。

・甚兵衛はこの黒馬のことをどんなふうに思っていたのかな。

8・一連番号は12

【写真8】

教科書一〇八～一〇九頁にかけて朗読している。「世」、「いたってのんき」に着目している。

9・一連番号は6

10・一連番号は20

【写真9】

前の時間をうけて、「いたってのんき」の意味を深め、小黒板に書く。「世」とはどんな意味かなど、また問い直させながら、「独自学習」と「発表学習」と交互に授業形態をとっている。『未来誕生』の授業記録にある導入部に位置づけることができる。

教科書の一一五～一一八頁を何人かの子どもに朗読させ「悪魔の子ども」はどんな姿をしていたのかイメージさせ、その姿を子どもたちに描かせている。

この日は少し寒い日で、子どもたちはマフラーなどを着込んでいる。

【写真10】

板書の中に、「世」の意味がいくつか書かれている。

11・一連番号は13

12・一連番号は14

子どもはそれぞれ思い思いのイメージでした「悪魔の子」の姿を描いている。

【写真11】

ここでは子どもたちは教科書一〇八～一〇九頁を開いていて、甚兵衛と黒馬との親密な関係について読みを深めている。

【写真12】

黒板に書かれている

・「うんと、ばかげ、みょうにひょろながい」
・めずらしい
・おかしい
・および（とどく、いきつく、おいつく）

を見ながらじっと考え込んでいる。

ここからは『未来誕生』の「授業の記録・3」解説文一三一頁〜一三二頁。【北川】

次の記録は、武田さんが、四年生の三学期にやった国語の授業記録である。「天下一の馬」という物語教材の発表学習のうちの一時間である。

## 甚兵衛の笑い

泰三のノートに「一一二頁、甚兵衛はどうして笑ったのか」という問題が書いてあります。そして、その下に「甚兵衛は悪魔の子どもが山の小ぞうですよとウソをついたのがおかしいので笑った」と自分の考えを書きくわえてあります。俊一のノートにも泰三と同じことが問題にしてあります。しかし、俊一は「悪魔の子どもがしっぽを犬にかみ切られてあわれなかっこうをしているのがおかしいから笑った」と泰三とはちがった考えをしています。

私は、二人の問題とそれぞれの解釈を小黒板に板書させて、みんなの問題にしました。これがこの教材のはじめての学級問題です。

「甚兵衛はなぜ笑ったのかという一一二頁の問題と、それについて泰三さんと俊ちゃんの考えをノートにうつして、それに対する自分の意見を……」

いつもの調子で私が言いはじめると、それが終わらないうちに時子が立ち上がって、

「泰三さんの考えは少しおかしい。だって、悪魔の子どもが自分のことを山の小ぞうですといったのはウソをいったのじゃなくて、そういう言い方をする時もあるんだから」

「どうしてそれがわかる?」

「山の小ぞうともいうんですよ。と書いてあります」

するとこんどは初男が立ち上がって、

「おれは俊ちゃんのもおかしいと思う……」

と言い出すのを私は、まあちょっと待ってと初男の発言をおさえました。

「時ちゃんが泰三さんに反対の考えを出した。初男ちゃんも、俊ちゃんとちがうという。ほかにも、いろんな意見が出ると思う。それをこの次に勉強しよう。それまでに、自分の考えをよくまとめておこう」

私はこれを学級全体の問題として取り上げることを宣言しました。初男もうなずいて、ノートに整理をはじめました。

子どもたちは、投げかけられた問題について、自分の解釈をさぐろうとして、ノートに書いたり、教科書を小さな声で読んだり、それぞれ思い思いの学習をはじめました。

「甚兵衛は安心したんだな」「何で?」

「悪魔の子が、いい子だから」「そんなら笑わねだんべ」

そんなやりとりが小さな声で、教室のあちらこちらでとりかわされていく中で「甚兵衛はなぜ笑った」という問題が子どもたちによって追求されていきます。

次の時間にこの問題は討論されました。そうして、その間にまた新しい問題が生まれました。そんな学習をつみ重ねながら、だんだん、問題がしぼられ、明確にされながらいくつかの大きなヤマがつくられていったのです。

面くらった甚兵衛
面くらう
○ 辞書では「まよう」という意味。
○ ここでは、馬のはらを貸した方がいいか、貸さない方がいいかまようこと。

〈悦子〉

悦子は小黒板を指さしながら、こんな発表をしました。

――「面くらう」ということばは辞書で引くと「まよう」という意味です。この文では甚兵衛さんが、悪魔に自分のかわいがっている黒馬のはらを貸した方がいいか、ことわった方がいいか、どちらにしていいかわからないで困ったという意味だと思います。

甚兵衛のまよい
○ だいじな馬を悪魔に貸してもしものことがあってはたいへんだ。
○ 悪魔の子を助けてやりたい。十倍の力にしてもらえる。

〈好〉

悦子と一緒に「面くらった」を調べていた好は、悦子とはちがった角度から発表しました。

――甚兵衛が悪魔の子どもの頼みをきいて、どっちにしていいかまよったのは、いいことと心配なことがあるからです。いいことというのは、悪魔の子どもが馬にすこしも害をしないで、おまけに、黒馬の力を十倍にしてやるといったこと。心配なことは、もしも、悪魔の子どもをはらの中に入れて、馬が死んだりしたら大へんだということです。

二人の発表は、はじめに悦子が面くらうということばの一般的な解釈を出し、それを好がこの文章にくっつけて具体的に説明しようとした点で、二人の力がよくこなれた明確な発表でした。私がそんな説明をするまでもなく、子どもたちの方でとっくにそれを感じていたので、「よくわかった」という空気が教室中に流れてしまいました。しかし、二人の発表だけですましてはならない問題がまだ残っています。

「悦ちゃんと好ちゃんの考えとちがう人いる?」

と私が言うと、俊男がおずおずと手をあげて自信なさそうな調子で質問をはじめました。

「面くらうというのは、悦ちゃんはまようことだといったけれど、ほかにもあるんじゃねんか」

「ほかにもあったけど、私はまようと考えるのがいいと思った」

「おれは辞書を引いたら、目がくらむ、あわてる、まごつく、と出ていたから、悦ちゃんとはちがうふうに考えていた」

「どんなふうに?」

私は俊男ががんばれよと思いながら、体をのりだすようにたたみかけました。

「おれは、悪魔の子どもがいきなりとんでもないことをいい出したので、甚兵衛はびっくりしてどうしていいかわからなくなっちゃったんだと考えた」

「それならまようと同じだ」

横から初男が口を出しましたが、

「おれはすこしちがうと思う」

と俊男は納得しません。私は、すこしちがうというのは、どうちがうんだと聞きました。俊男はうまく言えないけど、どうもちがうような感じがすると言います。すると、

「俊男ちゃんのは、こういうじゃねんか」

今までだまっていた俊一が、俊男にかわって説明をはじめました。

「おれがかあちゃんにふろへ入れといわれた時、入るか、入らないか、どっちにしていいか考える時に、まようと言うけど、それを面くらうなんて言わない。そういうことじゃねんか、俊ちゃん」

俊一の解釈を聞いていた俊男はわかったという顔で大きくうなずいて、

「おれがかあちゃんに金をもらって坂本屋に買いに行くと、何を買ったらいいかわかんなくて考える時があるけど、それがまようということで、面くらうというのは、もっと、びっくりしたり、おどろいたりした時でなければ、そう言わねんじゃないかと思う」

俊一に助太刀されて俊男は、とうとう、自分がぼんやりした形で考えていたことを確かにつかみとったようでした。同時に、悦子の解釈はさらに発展しました。

まようということは、どうしようかと考えること。面くらうということは、まようということも入るかもしれないが、もっと、はげしい驚きや行動がともなうことばらしい。

「だから先生」

と好が言いました。

「甚兵衛さんはまさか悪魔の子どもに、自分のかわいがっている馬のはらの中に入れさせてくれなんてたのまれようとは夢にも思っていなかった。だから、びっくりしちゃって、どうしたらいいだろうとあわてた。それが面くらったということだ」

「悦ちゃんもそう思うかい?」

私がきくと悦子もニコッと笑って、「うん」とうなずきました。

## 馬のはらを貸したのは

「面くらう」という問題についての悦子と好の発表は、むしろ、次の「なぜ甚兵衛は馬のはらを悪魔の子に貸す気になったか」というところで生かしたい内容だったので、私は二人の発表をきっかけにして、この問題を考えさせました。

「好ちゃんは、悪魔の子どもが馬を十倍の力にしてやると言ったので、甚兵衛さんは、馬のはらを貸す気になったと言ったけれど、そのへんの甚兵衛さんの気持ちをもっとくわしく考えてみよう」

「私はそのままほっておけば、悪魔の子どもはきっとうえ死にするかこごえ死にす

13・一連番号は10

【写真13】

悪魔の子がどんな姿や様子であったか発表させ、さらに加えて、

・うえ
・さむさ
・ひずめ（馬）

など、子どもに意見を言わせながらイメージさせ、子ども何人かを指名していて一一〇頁・九行目から一一三頁・八行目までを朗読させている。

14・一連番号は1

【写真14】

「それによるとのそれは、何を言っているのかな。それとは、文章ではどこのところかな、広雄くん」（とくに広雄くんに目をかけている。）（本書一一〇頁・表・一連番号1）

15・一連番号は5

【写真15】

甚兵衛さんは悪魔の子を見て、どんなふうに考えたのかな。

子どもからは、

・かわいそう
・十倍の力にする。

16・一連番号は15

るかにちがいないと思ったから、甚兵衛は助けてやろうと思ったんだと思う」

とやよいがまず、自分の考えを出します。秀夫はそれとはちがった考えをもっています。

「ぼくは、馬が十倍の力になればとくだと甚兵衛が考えたからだと思います」

ここで甚兵衛の心の動きについて、二つの考えが出ました。

やよいと秀夫の意見は学級全体の意見でした。しかし、このまま討論させても、なかなか発展しそうにありません。私は子どもたちに、文章をよく読んでごらんと言いました。

しばらく読んでいるうちに千代子が、「両方だ」と言い出しました。それにつられて、方々で「両方だ」という声がおこりました。両方というわけを千代子は、

「甚兵衛はかわいそうだから助けてやろうと思った。そして、もし助けてやれば、その上、馬を十倍の力にしてくれると言うので、なおいいと思った。だから、甚兵衛はまず助けようと思い、そして、十倍の力にしてもらおうと思った。だから両方だと思います」

と自分の考えを説明しました。貞利が手をあげて、おれも千代子ちゃんと同じだと前おきして、

「悪魔の子どもも助かり、自分もとくをする、こんないいことはないと思ったので貸してやろうと思った」

と自分の考えを言いました。私は、

「そうして、甚兵衛は馬のはらを貸したんだね」と念をおすように言うと、さっき

から頭をひねっていた初男がはじかれたように、

「先生、おかしい」

と言いました。私は初男に「おかしい」と考えた理由を板書させました。

おかしいわけ
「はてどうしたものかと甚兵衛はまよいました」とおしまいにかいてある。だから、まだ馬のはらを貸すとはきめていないはずだ。

初男の疑問は、今まで話し合ったことのあとに、「甚兵衛ははてどうしたものかと考えました」という文があるのだから甚兵衛はまだ馬のはらを貸すとはきめていないはずだ、というのです。初男に指摘されて、注意して読んでみるとなるほど、初男のいう通り、まだ、馬のはらを貸すとは甚兵衛さんはきめていないのです。はじめに面くらって、ここでまだまよっているのです。

「おれは、はじめに面くらったんだから、もうまよわないと思った」と俊一が情けない声を出します。みんな笑いましたが、さてどうしたものか、それこそ甚兵衛さん以上にみんながまよってしまった時です。

「馬だ」と広雄がとつぜん大きな声を出しました。

「広雄ちゃん、馬って何だい」

「だって、悪魔の子どもを助けるのは甚兵衛さんじゃなくて馬だ。だから、馬の意見がいちばんだいじだ」

17・一連番号は9

18・一連番号は8

広雄の考えにみんなうなずきました。

甚兵衛は悪魔の子どもを助けたいと思った。しかし、助けるのは自分ではなくて黒馬だ。だから、馬の意見がいちばんだいじだ。そこで甚兵衛は、馬に相談した。馬はうなずいた。

「先生、甚兵衛さんはいい人だね」

「どうして」

「だって、自分一人できめないで、馬の意見をちゃんと聞いてきめたもの」

「そうだね」

「甚兵衛さんと黒馬は友だちみたいだね」

広雄ちゃんは、授業中つまらなくなると、すぐノートに東京タワーをかき出します。けれど、この学習がはじまってからは、東京タワーは一つも見あたりません。広雄ちゃんの発見は、決して、まぐれではなかったのです。今日の広雄ちゃんは東京タワーの広雄ちゃんとは別人のように輝いて見えました。

「馬も承知したね」

「承知しました」

「悪魔の子どもは?」

「大そうよろこびました」

「そして、馬の口からぴょんとはらの中にとびこんだね」

「うん、そして、それを見ていた甚兵衛さんはあははと声高に笑った」

「なぜ、笑った？」

「自分も、馬も、悪魔の子どもも、みんないい気持ちだから、うれしくなって笑った」

「そうだ、そうだ。だから甚兵衛さんは笑ったんだ。心の底から笑ったんだ」

そして、子どもたちの顔も笑っていました。きっと、私も笑っていたと思います。

19・一連番号は7

**【写真19】**

さあ、みんなでもう一度読んでみよう。


**【写真20】**

この写真が「天下一の馬」の授業でない理由

① 子どもが全て異なる。
② 黒板の板書も別の授業である。

20・一連番号は11

③ 武田常夫の髪の毛の伸び具合は、床屋に行って三週間以上たっている。
④ ジャンパーの下にセーターを着ていない。
⑤ 何かある物語を読んで聞かせている。

これは教科書一二四頁下段にある「他におもしろい話をさがして読みましょう」を例示するために組み込んだと思われる。

## 3　「天下一の馬」の授業の考察

「天下一の馬」の「授業の記録・3」の写真は、かなりズレている。これは写真家川島浩がこの授業全体を撮影したのではなく、時々、武田学級に入って撮影したからである。しかしながら、授業の主要部分についてはかなり意図的に、意識的に撮影したものと考えられる。授業の形態などを中心に考察すると次のことがいえよう。

①　予備学習の記録は文章上も写真もない。

②　独自学習の中でいわゆる「つぶし」がすぐに行われている。

③　発表学習では、「天下一の馬」の中で、子どもから出された課題・問題点を学級全体で討論し、武田常夫が、それらの子どもの反応・応答に対して、掘り下げ、ゆさぶり、深めていっている過程が板書や記録からも明確になってきている。

④　この「天下一の馬」の授業での発展学習、および点検学習は授業の記録にも写真にもないが、おそらく時間的制約（武田の病気）のため行われなかったものと思われる。

⑤　島小学校では、ここまでが予備学習、ここからが独自学習といったはっきりした境はない。柔軟に授業を組織し、授業全体の流れや、子どもからの意見・反応・応答によって、対立の場を意図的につくったり、子ども同士の反応・応答をつなげた

りして「つぶし」をしたり積み上げたりしていっている。

⑥ とくに独自学習では、畑を耕す、また、仕込みといわれている指導があるが、この独自学習は公開研究会でも全く公開されていない。島小学校の授業のカギは独自学習（のちに組織学習）にあり、この過程がこの「天下一の馬」から読みとることができよう。

⑦ 「授業の記録・3」には一時間の授業であるとしているが、表のごとく、五日間にわたった授業であることがわかる。

〈参考文献〉


1．斎藤喜博・川島浩、写真集『未来誕生』（復刻版）、一茎書房、一九八六年。

2．斎藤喜博『島小物語』麦書房、一九六四年。

3．井上光洋「武田常夫の国語授業『天下一の馬』の分析、日本教育学会第五一回大会発表要旨、（ポスターセッション）、一九九二年。

4．井上光洋「斎藤喜博の介入授業の分析――分析の方法論的視座」、東京学芸大学紀要第四一集、一九九〇年。

# 第五章

## 写真集『未来誕生』の「授業の型」の分析

## 1　はじめに

斎藤喜博が島小学校の授業形態について『授業の展開』（国土社、一九六四年）の中で論じている。

1　個人学習：自分一人だけでやる
2　組織学習：①　一人ひとりの学習をみる
②　一人ひとりの指導をする
③　子どもと子どもの学習をつなげてやる
④　一斉教授と「つぶし」
⑤　学習問題の整理
⑥　組織学習の成功する条件
3　一斉学習：①　一斉学習での山
②　完璧をつくることと、それをくずすこと
③　教師の問いかけ
④　目で話し合うこと
⑤　子どもの発言は少数であってもよい
4　整理学習：ドリルと反省の場面

しかしながら、写真集『未来誕生』（一莖書房、一九六〇年）では、「授業の型」として授業形態を次のように分けている。

①　予備学習………個人学習に相当
②　独自学習………組織学習に相当
③　発表学習
④　発展学習｝………一斉学習に相当
⑤点検学習………一部整理学習に相当

写真分析をすると、『未来誕生』にある十枚の写真は、昭和三二〜三四年度（一九五七〜六〇年）にかけてのもので、島小十一年間の中期での授業形態ともいえる。島小公開研究会では、発表学習（一斉学習の一部分）が公開され、他の、個人学習（予備学習）、組織学習（独自学習）、整理学習（点検学習）はほとんど公開されていない。いわゆる「授業での耕し」はほんの一部の人にしか見せていないのである。授業で重要なのは、予備学習、独自学習である。これらの学習は、映画「芽をふく子ども」の中で、ほんの一部分紹介されているにすぎない。そこで、「授業の型」写真十枚の写真分析と介入授業の分析の際に開発した「教授行動の選択系列のアセスメント」によって分析すると次頁の表のごとくになる。

写真集『未来誕生』の　授業の型

| 『未来誕生』のページ | | 表　示 | 内　容 | 年度・教師・学年 |
| --- | --- | --- | --- | --- |
| 1 | 103 | 予備学習 | 国語の標準学力テスト（田研式）<br>　標準学力テストは島小にとって予備学習のようなものだ。<br>（『授業入門』25 〜 30 頁）<br>（算数は 11 月 25 日）<br>昭和 32 年 11 月 26 日 | 昭和 32 年、金井栄子<br>4 年、本校 |
| 2 | 104 | 独自学習 | 算数の独自学習 | 昭和 34 年、船戸咲子<br>4 年、分校 |
| 3 | 105 | 独自学習 | 算数の独自学習<br>104 と同じ授業時間 | 昭和 34 年、船戸咲子<br>4 年、分校 |
| 4 | 106（上） | 発表学習 | 子どもが算数の問題をつくり、それを解いて発表している場面。 | 昭和 34 年、杉本和子<br>1 年、分校 |
| 5 | 106（下） | 発表学習 | 子ども全員が自分の感想・意見・考えを発表している（映画教室） | 昭和 32 年、武田常夫<br>3 年、分校 |
| 6 | 107（上） | 発表学習 | 同 | 昭和 32 年、武田常夫<br>3 年、分校 |
| 7 | 107（下） | 発表学習 | 同 | 昭和 32 年、武田常夫<br>3 年、分校 |
| 8 | 108<br>『斎藤喜博の仕事』15 と同じ | 発展学習 | 算数授業、「2 つのまんじゅうを 3 人で同じようにわける」という課題。代表的な応答、6 つをタタキ台にして授業展開していく。<br>、1/3、2/3、3/3 を描いて、考えさせていく。 | 昭和 34 年、金井栄子<br>4 年、分校 |
| 9 | 109 | 発展学習 | 黒板用コンパス | 昭和 32 年、金井栄子<br>4 年、本校 |
| 10 | 110<br>『斎藤喜博の仕事』202 と同じ | 点検学習 | 先生と打合せ。子どもの服装から卒業式当日ではない。<br>職員室で、書類棚、茶器、下校直前『世界』グラビア写真 4 頁（船戸咲子学級）<br>昭和 35 年、4 月号との関連もある。 | 昭和 32 年、海東照子<br>6 年、本校 |

1　予備学習

## 2　『未来誕生』の「授業の型」の分析

### （1）予備学習

予備学習とあるこの写真【写真1】は田研式の国語の標準学力テストを受けている時の子どもの様子である。昭和三二年度金井栄子学級（四年、本校）。なぜこの写真を「予備学習」としたのであろうか。写真をよく見るとわかるように、子どもが取り組んでいるのは国語の問題で、子どもから見て問題用紙の左上には、明らかに「2」と書かれており、四つの解答例からひとつを選択する問題である。

実施されたのは昭和三二年十一月二六日（算数は十一月二五日）である。この標準学力テストについて、斎藤喜博は『授業入門』の「二、学力テストと知能テスト」で述べている。

「私たちは、毎年、標準学力テストと、知能テストとを定期的にやってきた。これは、自分たちの仕事を、客観的な確かなものにするためであり、科学的診断の結果を『鏡』とし、それを次の実践に生かすためであった……」

しかし、これをなぜ「予備学習」としたのか。この頃、教育界は多くの政治的課題に直面していた。勤評闘争もそうである。そうした中で、この年は、学力テストを積極的に受け入れ、『未来につながる学力』の執筆、第三回公開研究会を開いている。

2

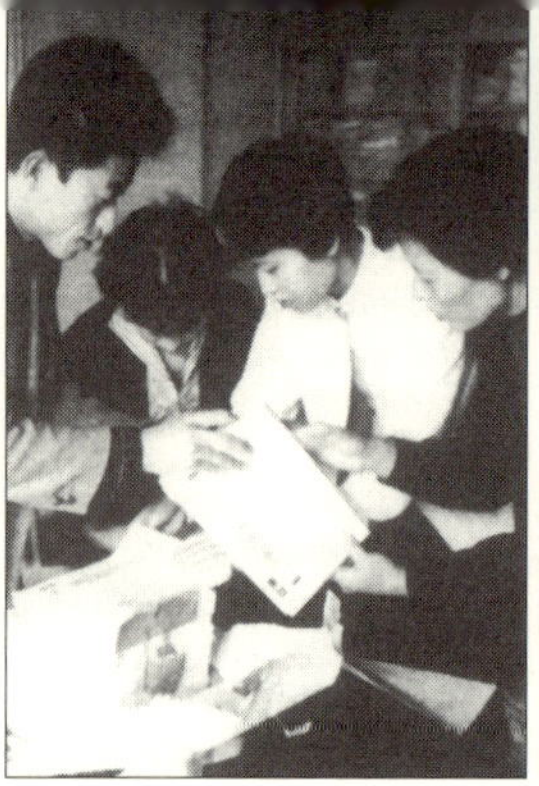

3

4　独自学習

前頁の写真【写真1】は、斎藤喜博の県教育委員会に対する「気迫」を示しているもので、「標準学力テストなんて、島小にとって予備学習のようなものだ」と言いたかったのであろう。

また、標準学力テストに関連して、写真集『斎藤喜博の仕事』一七頁に写真番号54と55の二枚の写真がある。54【写真2】は、県立教育研究所の職員で、子どもたちに「標準学力テスト」の方法・手順について説明しているところで、55【写真3】は、島小教師が標準学力テストの問題を整理している場面である。

## (2) 独自学習

独自学習の二枚の写真【写真4・5】は、昭和三四年度、船戸咲子学級（四年、分校）、算数のわり算の授業で、まさに島小の独自学習の画面である。二つの写真は同じ授業時間のもので、中央の女の子は斜めにかまえていて、手前の女の子二人が突き合わせているところをのぞきこんでいるが、この女の子は次の一〇五頁の写真【写真5】では後ろの黒板に書いている三人の女の子の中央であるから、一〇四頁の写真【写真4】→一〇五頁の写真【写真5】への順序であろう。

また、黒板の上段に書いてある直線は、全体が1で10分割したものが、0.1と書かれている。したがって、この授業は小数の位まで出すわり算であると推測できる。分数と小数、百分率は現在でも子どもが一番つまずくところで、独自学習によって子ども一人ひとりを指導し、また子ども同士を話し合わせ、突き合わせながら授業を展開していっている姿が如実に表れている。ある子どもは小黒板に自分の解答を書き（一〇五頁、右上）、また突き合わせ（【写真4】、左上の三人の女の子）ながら授業が進められている。

5　独自学習

6　発表学習

### （3）発表学習

一〇六頁の写真【写真6】は、杉本和子学級（一年、分校）の算数の授業で、自分たちで問題をつくって解いて発表している場面。黒板には、村井正、船戸寛、高橋和夫、柴田篤夫、陶弘臣の名前が平仮名で書かれている。これは昭和三四年度（正確には昭和三五年一月一四日）で、「授業の記録・1、社会科授業『みち』」と同じ年度で、同じ学級である。村井正の問題は「はじめに、とらっくが14だいとまっていて、7だいきた。あわせていくだいでしょう」。14＋7＝21。船戸寛の問題は「人が19人いて、5人いってしまいました。のこった人はいく人でしよう」。高橋和夫の問題は「くりが17こおちていました。そして、うちへかえって18ことりました。あわせていくつでしょう」。柴田篤夫の問題は「とらっくが17だいあって、あとから6だいきたん。あわせていくだいでしょう」。陶弘臣の問題は「とらっくが8だいあって、あとから9だいきた。あわせていくだいでしょう」。黒板に「20」と大きく書かれているのは、そのとなりの田島幸子の問題の「はいやぁが1だいとまっていて、あとから20だいきました。あわせていくだいでしょうか」の20。その左どなりには、新井宏の問題「じてんしゃが1だいきて、あとから、6だいきたら、あわせていくだいでしょう」もあった。

この杉本学級の算数の授業は島小のひとつの発表学習であるが、どちらかというと、

7　発表学習

8　発表学習

9　発表学習

子どもたちが学習した加減算の方法を基に、子どもたちで問題をつくり、それを解いていることから発展学習ともとれる。

一〇六頁（下）【写真7】、一〇七頁（上）【写真8】（下）【写真9】の写真は、武田常夫学級（三年、分校）で、昭和三二年度の映画教室に行ってきて、子ども全員で自分の感想、意見、考えを発表し合っている場面である。この授業場面は、公開研究会の研究授業における発表学習とはかなり異なっている。

この発表学習には、斎藤喜博の「かまし」、強烈なる意志が働いている。教育への、子どもと教師への熱き思い、理想と典型を表そうとした。そして、いわゆる教育研究者に対する対抗と反発、横文字を縦にするだけで何もわかっていない、と言いたかったのであろう。

### （4）発展学習

この発展学習という言葉は、ここでしか使われていないようである。発展学習とはどのような授業なのであろうか。一〇八頁の写真【写真10】は、写真集『斎藤喜博の仕事』の写真15と同じ授業場面で、金井栄子学級（四年、本校）昭和三四年度の算数の授業で分数の応用問題をあつかっている。まず教師は「2つのまんじゅうを3人で同じようにわける」という課題を出し、独自学習がはじまる。そして、子どもたちは小黒板に自分なりの解き方を書き、先生に提供する。教師は、同じ解き方のものをカテゴリー別に分けて提示する。教師は代表的な反応・応答に取り上げて、取り上げられた子どもはみん

10　発展学習

11　発展学習（新資料）

なに自分の考えを説明する。そして子ども同士、互いに質問したり、議論していく。

（この写真【写真11】の授業場面）

○栗原晴美……一人分2／3

○栗原栄子……一人分2／3

○鎌田友三……一人分が一つの1／2とすこし

○渋沢君江……一人分2／3

○栗原賢……1／3＋1／3＝2／3　一人分2／3

○田島秀雄……一人分2／6

（他にも同じ解き方をした子どもがいた。）

・教師は、―1／2を板書きし、1／2よりも多いと説明。ヒントを出し、まだできていない子どもに助言する。

・ひととおり子どもの説明が終わったところで、時計を例示しながらと板書し、時計をまんじゅうにみたてて、どんな切り方をしたら同じように簡単に分けられるでしょうか、と学習を発展させていく。

・「晴美ちゃんや秀雄君のような切り方や方法でもいいけど……」

一〇九頁の写真【写真12】は、金井栄子さんが黒板コンパスをもっているので、前の

12　発表学習

13　発展学習（新資料）

14　発展学習（新資料）

一〇八頁【写真10】の授業と同じように思えるが、実は全く異なる授業場面である。

また、昭和三二年度の金井栄子学級（四年、本校）は山村の小学校と文通していたらしい。山村の学校の子どもの手紙を教師が読みあげて、子どもたちそれぞれに自分の努力目標をもたせるように話しかけた。それぞれノートに書くように授業し、教師は机間巡視をしながら、子どもたちに動機づけを行う。黒板には「きょおやった、このご、けんすいうでまげをできるようになった、ううんと力を入れて、うでを曲げる」と書かれている（原文のまま）。子どもたちは、真剣になって想いめぐらしながら、自分の努力目標を書き続けていくのであった。

この発展学習の二枚の写真【写真13・14】には、斎藤喜博の強烈な意志と信念が働いているように思える。教育への、子どもと教師への熱き思いをいだき、これから全国の島小に向かってひとつの理想と典型を求めた。子どもと教師が自ら発展していくように願ったにちがいない。

## （5）点検学習

この「点検学習」ということばは、他でもほとんど使われていない。一〇五頁の写真【写真15】は、海東照子学級（六年、本校）昭和三二年度（正確には昭和三三年三月、三月でも寒い日がある）で、卒業に向けて、放課後、職員室で炬燵にあたりながら、一日の授業や学校生活を振り返って、反省したり、明日のこと、卒業式のことなどを相談しているところである。そういう意味で、点検学習なのであろう。『斎藤喜博の仕事』では「写

15　点検学習

16 『世界』グラビア写真（1960年4月号）

真202は、第二部も終わり、職員室の炬燵へ集まって、担任の先生と楽しそうに話し合っている六年生である。子どもたちは、担任の先生に身も心も寄り添うようにしている」と解説しているが、これは明らかにちがう、なぜなら、子どもの服装は卒業式のものと異なるからである。むしろ『世界』（岩波書店、一九六〇年四月号）グラビア写真【写真16】四頁の船戸咲子学級での「点検学習」の場合と同じである。グラビアの解説は次のごとくである。

船戸さんの学級（六年）。ある日、国語の時間に読んだ文章、「美を求めて」という中に「キリストとユダを中心に描いたダビンチは、ここではありきたりではない美を描こうとして」というところがあった。子どもたちはこのありきたりでない美とはどんなものか、十分に納得しきれなかった。放課後、さっそく職員室の大炬燵に、船戸さんを囲んで、子どもたちはあれこれ話し合いをはじめた。外が暗くなるまで話し合いは楽しそうにつづけられていた。こういうことは船戸学級だけでなく、さまざまな問題が各学級からもちだされ、裸電球の下の炬燵は子どもたちでにぎわうことが多いという。

これは「授業の記録・4」と関連しており、また、昼間女の子にいたずらした子ども（船戸咲子さん右どなりの子）を諭しながら、それぞれの子どもと話し合っている。ここでは女の子は写っていないが、初め女の子と点検学習をし、次に男の子としたのである。すでに六年生なので、男女間の問題も起きていて、生活指導も含まれていたようである。島小での「授業にかける」とは「授業が組織できなくては、学校行事も生活指導もできない」いうことを意味していたのである。

## 3　島小の授業形態

島小の授業形態についての初めての記述として『未来につながる学力』の九四〜一〇六頁で、予備学習、独自学習、発表学習が出てきている。『島小物語』(二〇〜二八頁)で斎藤喜博校長が記述しているように、「『島小授業』の原型が小さく出発したのだった」のである。島小の教師が自ら授業の形態について論じたのは、島小第三回公開研究会の研究報告、群馬県教職員組合機関誌『文化労働』(一九五八年一月号、一九〜二〇頁)における、金子緯一郎、金井栄子両氏による「学習指導の型」である。これは、島小の授業の型をうかがう上で重要なので全文をここに載せる。

**学習指導の型**

国語の時間です。

「四十頁から、五十頁の三行目までを、めいめいで読んでごらんなさい」

その先生は、ぎょうぎよくきちんと自分の方を向いている子どもたちに、こういいました。すると、大部分の子どもたちが、先生のことばを正確に聞きとれないで、はじめから五十頁を開いて読みはじめました。

子どもたちの目や耳が生き生きとはたらいていれば、こんなことにはならないはずです。

けれども、いまから六年程前の、私たちの授業の仕方は、教師中心の一斉授業的なやり方が多く、ともすればこのように、子どもたちの活動をおさえつけてしまうような場面がたくさんありました。私たちは、こうした状態から、早く脱皮しようと努力してきました。

そして、もっと子どもを全面に出して、生き生きと活動させ、教師は、そのあとおしをする形で学習の仕方や考え方を子どもたちに指導していこうじゃないかと考えました。前のような教師中心の一斉的な授業を「教授」と呼ぶに対して、この考え方を「学習指導」と、私たちは呼んできました。

私たちは、授業の研究会をたくさんやってきました。そして、お互いの授業の仕方を検討しあううちに、その時の授業だけで消えてしまうものでなく、それをいく回使っても教育効果のあげられる仕方はひとつの型として典型化されるのではないかと考えました。

(一)授業の段階によって

授業を展開していく段階によってとらえた型として、次のようなものが、私たちの中では主流をなしています。

① 予備学習

これは、予習といわれるようなものです。教室をまわってみると、たいていの教室に、「自由進度表」がはってあります。算数と国語が多いのですが、国語でいえば、読み、文の中心、わけ、あらすじなどを、子どもたちに自由に学習させます。それが、ひととおりでき上がった子どもたちは、先生のところへ検定をうけにきます。先生は、その子どもに応じた問題を出します。それに、合格した子どもは進度表に赤丸をつけて、更に先へ進むのです。

② 独自学習

予備学習がおわると、いよいよその教材に学級全体が取り組むことになります。この独自学習というのは、子どもたちがめいめい問題を見つけそれを個人で調べたり、或いは先生と相談したりする学習です。先生は、子どもたちに、示唆をあたえたり、また、子どもたちのもっている問題同士をうまくひきむすんだり、集約したりしながら、次の発表学習の時、全体の子どもが、真剣になって取り組んで考えられるような、よい問題が出てくるように、さまざまな活動をし、ここで秘術をつくします。

③ 発表学習

子どもたちが、前の独自学習の段階でしらべ上げてきたことを発表し、それについて、みんなして検討しあう学習を、発表学習と呼んでいます。ここで、子どもたち一人ひとりのもっている問題がみんなの問題になり、集団的な思考がされるわけです。

④　整理学習

その教材の主点になるところをしっかりとおさえ、整理しまとめていく学習です。

⑤　練習学習

国語でいえば、いままで学習してきた語句の使い方や漢字の書き取りなどを何回も練習して、より理解を適確なものにし、それを身につけていくための学習です。

以上が、大まかにいって、私たちのとっている授業の展開のさせ方の主流をなしているものです。しかし教材や、その時の子どもの状態によっては、一斉指導だけで済ませてしまう時もあるし、また、個人指導だけで終えてしまう時もあるわけです。

(二)　先生の個性によって

授業には、指導する先生の人間的な匂いや個性が表れるものです。それによっても、ひとつの型が考えられます。私たちの仲間も一人ひとりみんな特徴のある匂いや色合いのする授業をしています。

例えば、船戸さんの授業は、たいへん知的な感じがし組み立て方がち密で精巧です。そして、子どもたちのもっている問題をたくさん「ひき出し」、余分な点を「切り捨て」ていき、最後に、大事なポイントをしっかりとおさえて授業をしめくくっていくことがとても巧みです。

また、武田さんの授業は、子どもたちと、一問一答式でなく、一問一答をするたびに、問題の次元が上がっていき、その時間のおわりには、いつのまにか問題が整理され子どものアタマの中に入るように進めていきます。その間に、巧みなユーモアもとび出しそれがうわついたものでなく、授業の流れの中に、しっとりなじんで、温かい人間的な雰囲気をただよわせます。

（文責・金子）

---

島小公開研究会（一～八回）における授業とその形態については、島小公開研究会の資料によれば、次頁からの表の通りとなる。

これら公開研究会の一般授業・研究授業の授業形態を分類すると、予備学習はなく、

① 独自学習（19）
② 話し合い学習（4）
③ グループ学習（11）
④ 相互学習（1）
⑤ 組織学習（1）（第七回公開研究会で初めてつかわれた）
⑥ 発表学習（76）（重複あり）
⑦ 練習学習（3）

となり、発表学習が圧倒的に多いが、話し合い学習、グループ学習、相互学習もある。

このように、島小では、授業形態についてかなり柔軟に行っていたことがうかがえる。すなわち、独自学習をやっていて、話し合い学習、グループ学習に切り換えたり、その逆もあったようである。いつも授業の展開に応じて授業形態を臨機応変に採用していったのである。

注）（　）は、授業形態について記述されていないので学習指導案等で推測した。

| | | 授業者 | 教科 | 教　材 | 授業形態 |
|---|---|---|---|---|---|
| 第1回<br>公開研究会<br>（昭和30年） | 研究授業<br>6年・分校<br>（『島小の授業』29～32頁） | 船戸咲子 | 国語 | 美を求めて――レオナルドの最後の晩餐 | （発表学習） |
| 第2回<br>公開研究会<br>（昭和31年） | 一般授業<br>1年・本校 | 武田常夫 | 算数 | たまいれ | （発表学習） |
| | 一般授業<br>2年・本校 | 井上光正 | 算数 | 秋の山 | （独自学習） |
| | 一般授業<br>3年・本校 | 金井栄子 | 社会 | やくにたつどうぶつ | （話し合い学習） |
| | 一般授業<br>4年・本校 | 金子緯一郎 | 国語 | 私たちの生活 | （独自学習）<br>（グループ学習） |
| | 一般授業<br>5年・本校 | 海東照子 | 算数 | 形と体積 | （独自学習） |
| | 一般授業<br>6年・本校 | 児島　環 | 算数 | 縮尺と縮図 | （グループ学習） |
| | 研究授業<br>1年・本校 | 武田常夫 | 国語 | わたしのたんじょう日 | 発表学習 |
| | 研究授業<br>3年・本校 | 金井栄子 | 国語 | 山の向こう | 発表学習 |
| | 研究授業<br>5年・本校 | 海東照子 | 社会 | 地震と火山の国 | 発表学習 |
| 第3回<br>公開研究会<br>（昭和32年） | 一般授業<br>1年・本校 | 児島　環 | 理科 | じしゃくあそび | （話し合い学習）<br>（実験） |
| | 一般授業<br>2年・本校 | 滝沢友次 | 算数 | だるまはこび | （発表学習）<br>（練習学習） |
| | 一般授業<br>3年・本校 | 井上光正 | 算数 | はばとび | （グループ学習） |
| | 一般授業<br>4年・本校 | 金井栄子 | 算数 | お金集め | （練習学習） |
| | 一般授業<br>5年・本校 | 金子緯一郎 | 国語 | 良寛 | （独自学習） |
| | 一般授業<br>6年・本校 | 海東照子 | 算数 | 年のくれの買い物 | （練習学習） |
| | 研究授業<br>2年・本校 | 滝沢友次 | 国語 | るすばん | 発表学習 |
| | 研究授業<br>4年・本校 | 金井栄子 | 国語 | 鉄の馬 | （独自学習）<br>（発表学習） |
| | 研究授業<br>6年・本校 | 海東照子 | 社会 | 中国 | （発表学習） |
| | 一般授業<br>1年・分校 | 赤坂里子 | 算数 | かいもの | 発表学習 |
| | 一般授業<br>2年・分校 | 大沢清剛 | 算数 | おかねのけいさん | グループ学習 |
| | 一般授業<br>3年・分校 | 武田常夫 | 社会 | かちくしらべ | 発表学習 |

| | | 授業者 | 教科 | 教　材 | 授業形態 |
|---|---|---|---|---|---|
| 第3回<br>公開研究会<br>(昭和32年) | 一般授業<br>4年・分校 | 杉本和子 | 算数 | はこの工作 | グループ学習 |
| | 一般授業<br>5年・分校 | 船戸咲子 | 算数 | 形と体積 | 発表学習 |
| | 一般授業<br>6年・分校 | 青山重大 | 国語 | いなごの大旅行 | 発表学習 |
| | 研究授業<br>1年・分校 | 赤坂里子 | 国語 | お日さまときたかぜ | 発表学習 |
| | 研究授業<br>3年・分校 | 武田常夫 | 国語 | 山の子ども | 発表学習 |
| | 研究授業<br>5年・分校 | 船戸咲子 | 国語 | 世のために（一）塩田の父 | 発表学習 |
| 第4回<br>公開研究会<br>(昭和33年) | 一般授業<br>1年・本校 | 海東照子 | 算数 | みせやさん | (独自学習) |
| | 一般授業<br>2年・本校 | 児島　環 | 算数 | くれのまち | (独自学習) |
| | 一般授業<br>3年・本校 | 滝沢友次 | 算数 | 家から学校まで | (発表学習) |
| | 一般授業<br>4年・本校 | 井上光正 | 国語 | 鉄の馬 | (独自学習)<br>(グループ学習) |
| | 一般授業<br>5年・本校 | 金井栄子 | 国語 | 塩田の父 | 独自学習 |
| | 一般授業<br>6年・本校 | 金子緯一郎 | 算数 | 三角形の面積 | グループ学習 |
| | 研究授業<br>2年・本校 | 児島　環 | 理科 | むしめがね | 発表学習 |
| | 研究授業<br>5年・本校 | 金井栄子 | 算数 | 体積 | 発表学習 |
| | 研究授業<br>6年・本校 | 金子緯一郎 | 国語 | レオナルドの「最後の晩餐」 | 発表学習 |
| | 一般授業<br>1年・分校 | 杉本和子 | 社会 | ふゆのしたく | グループ学習 |
| | 一般授業<br>2年・分校 | 赤坂里子 | 国語 | もうくろの話 | 発表学習 |
| | 一般授業<br>3年・分校 | 大沢清剛 | 算数 | わたくしたちの家 | 発表学習 |
| | 一般授業<br>4年・分校 | 武田常夫 | 社会 | 人絹の町 | 発表学習 |
| | 一般授業<br>5年・分校 | 岡芹　忍 | 国語 | 良寛 | 発表学習 |
| | 一般授業<br>6年・分校 | 船戸咲子 | 算数 | 長さと面積 | 独自学習 |
| | 研究授業<br>1年・分校 | 杉本和子 | 国語 | えにかいたとら | 発表学習 |
| | 研究授業<br>4年・分校 | 武田常夫 | 国語 | 鉄の馬 | 発表学習 |

| | | 授業者 | 教科 | 教　材 | 授業形態 |
|---|---|---|---|---|---|
| 第４回<br>公開研究会<br>（昭和 33 年） | 研究授業<br>６年・分校 | 船戸咲子 | 国語 | 美を求めて――レオナルドの「最後の晩餐」 | 発表学習 |
| 第５回<br>公開研究会<br>（昭和 34 年） | 一般授業<br>１年・本校 | 金子緯一郎 | 国語 | おばさんちへ | 発表学習 |
| | 一般授業<br>２年・本校 | 井上光正 | 算数 | どんぐりひろい | 発表学習 |
| | 一般授業<br>３年・本校 | 児島　環 | 理科 | うがいぐすり | 発表学習 |
| | 一般授業<br>４年・本校 | 金井栄子 | 国語 | 鉄の馬 | 発表学習 |
| | 一般授業<br>５年・本校 | 青山重大 | 国語 | 旅する白鳥 | 発表学習 |
| | 一般授業<br>６年・本校 | 滝沢友次 | 国語 | いなごの大旅行 | 独自学習 |
| | 研究授業<br>３年・分校 | 赤坂里子 | 国語 | 山の向こう | 発表学習 |
| | 研究授業<br>４年・本校 | 金井栄子 | 算数 | お金集め | 発表学習 |
| | 研究授業<br>６年・本校 | 滝沢友次 | 算数 | 真分数と仮分数のかけ算 | 発表学習 |
| | 一般授業<br>１年・分校 | 杉本和子 | 算数 | こよみ | グループ学習 |
| | 一般授業<br>２年・分校 | 大沢清剛 | 国語 | もうくろの話 | （話し合い学習） |
| | 一般授業<br>３年・分校 | 赤坂里子 | 算数 | しゃせいちょう | 発表学習 |
| | 一般授業<br>４年・分校 | 船戸咲子 | 国語 | 鉄の馬 | 独自学習 |
| | 一般授業<br>５年・分校 | 岡芹　忍 | 国語 | 塩田の父 | 発表学習 |
| | 一般授業<br>６年・分校 | 武田常夫 | 算数 | 分数のかけ算とわり算 | 相互学習 |
| | 研究授業<br>１年・分校 | 杉本和子 | 国語 | えにかいたとら | 独自学習<br>発表学習 |
| | 研究授業<br>４年・分校 | 船戸咲子 | 算数 | お金集め | 独自学習<br>発表学習 |
| | 研究授業<br>６年・分校 | 武田常夫 | 国語 | ペニシリンを作りあげた人々 | 発表学習 |
| 第６回<br>公開研究会<br>（昭和 35 年） | 一般授業<br>１年・本校 | 児島　環 | 国語 | お日さまときたかぜ | 独自学習 |
| | 一般授業<br>１年・本校 | 金子緯一郎 | 算数 | いろいろなかいもの | 独自学習 |
| | 一般授業<br>３年・本校 | 井上光正 | 国語 | 山の子ども | 発表学習 |
| | 一般授業<br>４年・本校 | 青山重大 | 国語 | 鉄の馬 | 独自学習から<br>グループ学習 |

| | | 授業者 | 教科 | 教　　材 | 授業形態 |
|---|---|---|---|---|---|
| 第６回<br>公開研究会<br>(昭和35年) | 一般授業<br>５年・本校 | 金井栄子 | 国語 | 塩田の父 | 独自学習 |
| | 一般授業<br>６年・本校 | 滝沢友次 | 国語 | 手の国日本 | 独自学習 |
| | 研究授業<br>１年・本校 | 児島　環 | 理科 | じしゃくあそび | 発表学習 |
| | 研究授業<br>２年・本校 | 金子緯一郎 | 国語 | 月夜のバス | 発表学習 |
| | 研究授業<br>４年・分校 | 赤坂里子 | 国語 | 天下一の馬 | 発表学習 |
| | 研究授業<br>５年・分校 | 船戸咲子 | 国語 | 塩田の父 | 発表学習 |
| | 研究授業<br>５年・本校 | 金井栄子 | 算数 | 形と体積 | 発表学習 |
| | 研究授業<br>６年・分校 | 武田常夫 | 国語 | ペニシリンを作りあげた人々 | 発表学習 |
| | 一般授業<br>１年・分校 | 岡芹　忍 | 国語 | さるのしっぽ | 発表学習 |
| | 一般授業<br>２年・分校 | 杉本和子 | 国語 | 月夜のバス | 発表学習 |
| | 一般授業<br>３年・分校 | 大沢清剛 | 社会 | 役にたつ動物 | 発表学習 |
| | 一般授業<br>４年・分校 | 赤坂里子 | 算数 | やさいしらべ | 発表学習 |
| | 一般授業<br>５年・分校 | 船戸咲子 | 算数 | 体積の出仕方 | 発表学習 |
| | 一般授業<br>６年・分校 | 武田常夫 | 社会 | インド | 話し合い学習 |
| 第７回<br>公開研究会<br>(昭和36年) | 一般授業<br>１年・本校 | 井上光正 | 国語 | だいこんとにんじん | 発表学習 |
| | 一般授業<br>２年・本校 | 児島　環 | 算数 | 二位数のくりあがりたしざん | 発表学習 |
| | 一般授業<br>３年・本校 | 金子緯一郎 | 算数 | 余りのあるわり算 | 発表学習 |
| | 一般授業<br>４年・本校 | 小保方晃子 | 国語 | 馬車と走る子 | 発表学習 |
| | 一般授業<br>５年・本校 | 金井栄子 | 国語 | 塩田の父 | 組織学習 |
| | 一般授業<br>６年・本校 | 滝沢友次 | 算数 | 比例 | 発表学習 |
| | 研究授業<br>２年・本校 | 児島　環 | 理科 | あま水 | 発表学習 |
| | 研究授業<br>３年・本校 | 金子緯一郎 | 国語 | 耳のちりょう | 発表学習 |
| | 研究授業<br>４年・分校 | 船戸咲子 | 国語 | うた時計 | 発表学習 |

| | | 授業者 | 教科 | 教　　材 | 授業形態 |
|---|---|---|---|---|---|
| 第7回<br>公開研究会<br>(昭和36年) | 研究授業<br>5年・本校 | 金井栄子 | 算数 | 面積　平行四辺形の面積 | 発表学習 |
| | 研究授業<br>5年・分校 | 赤坂里子 | 国語 | やかれたさかな | 発表学習 |
| | 研究授業<br>6年・本校 | 滝沢友次 | 国語 | ペニシリンを作りあげた人々 | 発表学習 |
| | 研究授業<br>6年・分校 | 武田常夫 | 国語 | 大きなしらかば | 発表学習 |
| | 一般授業<br>1年・分校 | 岡芹　忍 | 国語 | 木のえだのボール | 発表学習 |
| | 一般授業<br>2年・分校 | 大沢清剛 | 国語 | 月夜のバス | 話し合い学習 |
| | 一般授業<br>3年・分校 | 杉本和子 | 国語 | きっちょむさん | 発表学習 |
| | 一般授業<br>4年・分校 | 船戸咲子 | 算数 | 体積 | 発表学習 |
| | 一般授業<br>5年・分校 | 赤坂里子 | 算数 | 面積 | 発表学習 |
| | 一般授業<br>6年・分校 | 武田常夫 | 社会 | 朝鮮 | 発表学習 |
| 第8回<br>公開研究会<br>(昭和37年) | 研究授業<br>3年・本校 | 児島　環 | 理科 | 蒸気 | (発表学習) |
| | 研究授業<br>4年・本校 | 金子緯一郎 | 国語 | 天下一の馬 | (発表学習) |
| | 研究授業<br>5年・本校 | 船戸咲子 | 国語 | 走れメロス | (発表学習) |
| | 研究授業<br>1年・分校 | 杉本和子 | 国語 | すずのへいたい | (発表学習) |
| | 研究授業<br>5年・分校 | 武田常夫 | 国語 | おしになった娘 | (発表学習) |
| | 研究授業<br>6年・分校 | 赤坂里子 | 国語 | 黒いビロード服の女性 | (発表学習) |

したがって、この授業はこの形態でやらなければならないというようなことはなく、その学習場面に応じて教師が授業形態を決定していったのである。このことは、金子緯一郎が述べているように「先生の個性によって」さまざまな授業形態がとられたのである。島小には決まった「型」とか「形態」はなく、基本的なタタキ台としての「型」だけがあり、あとは教師が授業の展開に即して授業形態を自分で創造していったのである。

独自学習や組織学習の中で教師によっていろいろな手が打たれ、畑が耕されるように手入れがなされ、仕組まれ、そして、発表学習に移っていく。公開研究会での発表学習では子どもは活発に意見を発表し、交換し合って、授業が展開される。しかし、そこから、どのように手入れされ、仕組まれたのかを推測することは、非常に難しいのである。したがって、さまざまな憶測や誤解が生まれてくるのである。

島小には、教育学者、教育研究者が参観しているが、島小教育への賛美に終わり、島小授業の奥底にあるものを見ぬくことができなかったであろう。島小教育を対象化し、そこから、教育実践という事実を浮き彫りにして、教授学の知見を積み上げていく必要に着目しなかったのではないかと考えられる。「斎藤喜博先生に学ぶ」と言われていたが、「斎藤喜博の教育実践を対象化する」ことを全く怠っていたのである。

〈参考文献〉

斎藤喜博編『未来につながる学力』、麦書房、一九五八年三月。
川島浩・斎藤喜博、写真集『未来誕生』、一茎書房、一九六〇年三月。

斎藤喜博編『島小の授業』、麦書房、一九六二年十二月。

斎藤喜博編『授業の創造』、明治図書、一九六三年三月。

群馬県教職員組合機関誌「文化労働」、七巻十号、一九五八年一月。

島小学校「島小公開研究会資料（一〜八）」、一九五五〜一九六二年。

斎藤喜博・川島浩『斎藤喜博の仕事』、国土社、一九七六年十一月。

井上光洋「教授行動の選択系列のアセスメントによる授業研究方法の開発（一九）写真集『未来誕生』の「授業の型」の分析」日本教育工学会第八回大会講演論文集、二七六〜二七七頁、一九九三年十月。

井上光洋「教授行動の選択系列のアセスメントによる授業研究方法の開発」（二〇）、日本教育工学会第九回大会講演論文集、二七二〜二七三頁、一九九四年十月。

日本教育工学会第五回大会（岡山大学、一九八九年十月）発表資料から。授業の記録は、『続介入授業の記録』（斎藤喜博編著、一莖書房発行、一九七八年）より。太字のQが井上の設問。【北川】

〈付録〉

## 教授行動の選択系列のアセスメントによる授業研究方法の開発——斎藤喜博氏の授業「あとかくしの雪」での教授行動選択の設問——

一九七八年五月二五日
長崎県森山東小学校四年　上原和美

1　教師　では、お勉強をはじめましょう。高柳さん読んでください。

**Q1**　前日、組織学習を一時間やっているのだから、いきなり指名して読ませるのではなく、組織学習を生かして学習の構えづくりのためにどのような働きかけが考えられるでしょうか。

①

②

③

2　——子ども朗読。

〈あるところに／なんともかとも貧乏な百姓が／ひとり住んでおった／

ある冬の／もう暗くなったころに／ひとりの旅びとが／とぼりとぼり／雪の上を／あゆんできて／どうだろうか／おらを／ひとばん／とめてくれるわけにいくまいか／というた／

百姓は／じぶんの食べるもんも／ろくにないぐらいのもんだったが／

ああええとも／おらとこは／貧乏で／なんにもないが／まあ／とまってくれ／というと／旅びとは／そうか／それは／ありがたい／おら／なんにもいらんぞ／というて／うちにあがった／

けれども／この百姓は／なにしろ／なんともかともびんぼうで／何ひとつ／旅びとにもてなしてやるもんがない／それで／しかたがない／晩になってか

ら／となりの／大きないえの／大根を／かこうてあるところから／大根を／一本ぬすんできて／大根やきをして／旅びとに／食わしてやった／
　旅びとは／なにしろ／寒い晩だったから／うまいうまいと／しんからうまそうにしながら／その／大根やきを食うた／
　その晩／さらさらと／雪はふってきて／百姓が／大根をぬすんできた／足あとは／あゆむ／あとからのように／すうっと／みんな消えてしもうたと／
　この日は／旧の／十一月二十三日で／今でも／このへんでは／この日には／大根やきをして食うし／この日に／雪がふれば／おこわを／たくもんもある〉

3　教師　じゃあね、「なんともかとも貧乏」ってあるね。なんともかとも貧乏ってどんなこと？　なんともかとも貧乏なお百姓ってどんなお百姓？。

Q2　3教師で、子どもの朗読に何らかの肯定的個人判断（ほめ言葉）があってもよいと考えます。どんなほめ言葉が考えられますか。

①

②

③

Q3　組織学習をふまえて、はじめての発問をするのに3教師の発問とは違うどんな発問が効果的と考えますか。

①

②

Q4　「なんともかとも」という意味を問うのと、「なんともかとも貧乏」の意味を問うのとどちらが適切でしょうか。またその理由は。

4　子ども　何にもない。

5　教師　何にもない。……遠矢さん。

6　子ども　自分の食べるものがない。とても貧乏。

7　教師　聞こえない。

8　子ども　とても貧乏。

9　教師　とても貧乏。食べるものがないような貧乏ね。

10　斎藤（教師に）今のような問題は、個人学習とか組織学習のなかでやっておくことですね。だれが言ってるの。「なんともかとも貧乏な百姓」って、だれが言ってるの。

**Q5　10斎藤の介入で「今のような問題は、……」と言っていますが、組織学習のなかでは出てきていません。Q4との関連して、出てきていなかったことをうまくまとめるためには教師はどのように説明や解説をしたらよいでしょうか。**

11　子ども　百姓が言っている。（声が小さい）

12　教師　百姓が言っているの？

13　斎藤（教師）これも個人学習なり組織学習なりで問題にし、整理しておかないと。こういうものは今日の一斉学習の問題にはならないのですね。さしてみてください。

14　教師　じゃ、山崎さんは。

15　――子ども答えない。

16　教師　内田さん。

17　斎藤　昨日の勉強で、わからないことは聞きなさいって言ったでしょう。けれども時間がなかったから、こうに聞いてみると、まだわからないことがあるんだね。わからないとこがわからなかったんだね。じゃ、こうさんして先生に聞くんだね。先生に教えてくださいって、聞くんだよ。聞かないと先生は教えてやらないよ。

18　――一人の男児「こうさん」という。

19　斎藤　こうさんしたね。

20　教師　これは作者が言ったの。ぼくもそうだと言っている人がいるよ。ぼくもそうだと思っている人、手をあげてごらん。じゃ、言えばよかったのに。（笑い）

21　斎藤　それはだめだ。今、先生に教わってからだから。（笑い）勉強だから、まちがってもいいから自分で言わないとだめだ。

**Q6　10斎藤の介入で『なんともかとも貧乏な百**

姓』って、だれが言ってるの」と発問し、20教師でまとめ、21斎藤で子どもに助言しています。これを子どもに答えさせるためには、どのような発問系列が考えられますか。

22　教師　じゃあね、お百姓さんはね、旅人が、「ひとばん　とめてくれる　わけにいくまいか」と言ったときに、「おらとこは貧乏でなんにもないが」と言ったね。このときお百姓さんの家には、ほんとうになんにもなかったの？　全然なかったと思う。……

じゃ、たくさんあったと思う人。（なし）。少しあったと思う人。（子どもたち、「ハイ」と言って挙手する。）

はいおろして。みんなのお母さんたちはね、お客さんがきたとき、「なんにもないけど、どうぞ」といんしゃらん。

23　子ども　いんしゃる。

24　教師　いんしゃるね。

25　斎藤　そういうのは、昨日子どもたちが、ノートに書いた中にないのですか。もしないのなら、今日は問題にしないほうがいいですね。

Q7　授業は子どもからの反応・応答を授業展開に生かすことを鉄則としていますが、25斎藤はそれを言っています。もし「家にはなんにもなかったの？」を話題にしたいとすれば、どのように発問すれば適切でしょうか。

①

②

③

「おらんとこは貧乏でなんにもないが……」と言った時のお百姓さんの気持ちはどんなだったでしょうか。

26　教師　じゃ、お百姓のうちには少しあったことにしてね。そしたら旅人がうちに上がったね。そしたら貧乏なお百姓は、何かもてなそうとしたけれど、何もなかったのね。そしたらお百姓はね、自分のうちには何もない、さがしたけど何もなかったということを知ってたの?
　みんなはね、少しはあったんじゃないかと言ったでしょう。

27 斎藤　ちょっとね、今日はこれとこれを勉強するという学習の課題になるものはきめてないのですか。昨日出た問題があるでしょう。
　昨日の組織学習で、今日はこれとこれを勉強するんだという、課題が子どもの学習の中から出たでしょう。それを黒板に書いてみてください。どういう問題が出ました。この時間（一斉学習）に、クラス全体で何を勉強するのか、きめたものがあったのでしょう。それを出してください。

**Q8**　**子どもがノートに書いたものの中から学習の課題を整理しておくことが必要です。子どものノートを想定して文章の順序を追って学習の課題を板書するとしたらどうなるでしょうか。**

28 教師　ええとね、昨日のみんなの問題の中からね、（板書しながら）「どうして旅人は、うまいうまいとしんからうまそうに食べたのか」という問題がありました。そして次にね（板書）「どうして『おら、なんにもいらんぞ』と言ったのか」

29 斎藤　それはだれが出したの。……だれ？　自分が出したのを忘れちゃった。それじゃだめだよ。お友だちの出したのも覚えておかないとだめだよ。
　（教師に）組織学習のときに、また組織学習の結果を整理するときに、自分はどういう問題をどう考え、他の人はどういう問題をどう考えているか。できるだけ覚えさせるようにするといいですね。それで、ほかにどんなものがあったのか、書いてください。

30 ――教師板書。
○どうして大根を一本盗んできたのか。
○どうして足あとが消えたのか。
○どうして「おら、なんにもいらんぞ」と言ったのか。

31　教師　こんな問題が出ていました。

32　斎藤（教師に）昨日、子どもたちから出た問題を整理し、今日学習する学級問題をつくるとき、この文章を読みとるのに、どれが重要であり、どの問題からやっていけばよいか、考えておくべきだったのですね。

33　――このあと教師や参観の先生たちと話し合いながら、板書を次のように書き直す。

板書

① なんともかとも貧乏な百姓。

② どうして旅人は大きな家にとまらなかったのだろうか。

③ どうして大根を一本ぬすんできたのか。

④ どうして「おら、なんにもいらんぞ」と言ったのか。

⑤ どうして旅人は、うまいうまいとしんからうまそうに食べたのか。

⑥ どうして足あとが消えたのか。

⑦ どうして旧の十一月二十三日におおいわいをするのか。

Q９　30教師の板書と、33板書はどこが異なっているでしょうか。また33板書に書き加えるとしたら、どのようなことでしょうか。（Q８と関連して）

34　斎藤（教師に）これが一斉学習での学級の学習課題、学級問題になるわけですね。先生や子どもたちから、もっと問題が出れば、それを書き足したり、同じような問題は一つに集めたりするわけですね。

今日はこれですすめてみてください。

35　斎藤　旅人が、とぼりとぼりと歩いているときね、雪はふってたんですか、ふってなかったんですか。

Q10　読みを深めていくため「とぼりとぼり」と旅人があゆんでいる時の情景をイメージさせる発問系列を考えてください。

①（35斎藤）

②

③

36 子ども　ふってない。

37 斎藤　それがどうしてわかる。どこに証拠がある。

38 子ども　その晩さらさらと雪はふってきた。

39 他の子ども　ふってきて。

40 斎藤　ああ、なるほど、よく読めてるね。

（教師に）それからこんどは、この七つの問題のなかで、どれを一番重くするかですね。

同じ学級問題の中でも、大きく重要なものと、そうでないものとがあるわけですね。学級問題とか学級課題というものは、個人学習や組織学習の中から、必然的に出てくるものであり、また個人学習なり組織学習なりの中で、教師が意識的に子どもに働きかけ、子どもの中につくり出していくものですが、それにも軽重があるわけですね。

一般的には、軽いものから対象にしていき、その課題を突破することによって、つぎの課題が求められるようにしていくわけです。組織学習が終わったときに、そういう作業を子どもと相談しながらやるわけです。子どもから出た問題を、捨てたり、一つに集めたりしながら、残され、とり上げられた学級問題に、二重丸をつけたり三重丸をつけたりする。

そういう作業をすることによって、学級の全員が、明日からの一斉学習では、こういう問題を、こういうふうに攻めていくのだということが確認され、翌日からの大演習である一斉学習への準備をするわけです。ここまでいかなければ組織学習は終わらないわけですね。

いまやっている作業を、ほんとうは昨日のうちにやっておくべきだったんですね。一時間だけやった組織学習ではそこまでいかなかったけれど、先生たちが放課後集まって研究したときやっておくとよかったんですね。

この学級問題の中で、どれを一番重くみているんですか。先生はどれを選んだのですか。

Q11　Q10と関連して、35斎藤から40斎藤の間のコミュニケーションを深めるために、次にどのような働きかけが考えられますか。

①

②

③

41　教師　「どうして足あとが消えたのか」「どうして旧の十一月二三日にはおいわいをするのか」

42　斎藤　それでは、それに二重丸をつけてください。

それで、「どうして旧の十一月二三日においわいをするのか」……これは非常に難しい問題ですね。ここまでは四年生だと理解がなかなかつかない。だから四年生だと、「どうして足あとが消えたのか」を三重丸にしておいたほうがいいかもしれませんね。それをやっていくうちに、おこわをたくようになったこともわかっていくかもしれませんね。

そのほかに、まだ必要なことはないですか。

43　教師　どうして旅人を何にもないのにとめたのか。

Q12　43教師の発問に関連して、子どもから「どうして旅人は貧乏な百姓の家にとまろうとしたのでしょうか」「大きな家にとまらないのか」という反応・応答が組織学習で出ています。これを生かして授業展開していく発問系列を考えてください。

44　斎藤　それもいいですね。これはだれが出したの？……自分のを覚えていてください。自分のも人のも覚えておかないとだめ。

（教師に）こうにするのが学級問題の整理ですね。個人学習なり組織学習なりのときに、子どもたちがいろいろな問題をノートに書いていく。それがどんどんふえたり変更されていったりする。教師はそれを、個人学習なり組織学習なりの中でみていて、その中から必要なものを学級全員の前に出し、ときには説明してしまったり、学級の学習課題（学級問題）として重要であることを指摘したりします。

そして組織学習を終わって、一斉学習への整理をするときには、子どもたちが積極的に自分の問題を出したり、他の子どものものを出したりするとともに、教師もそれまでみて来た子どもの学習問題の中から、重要なものとか、問題にしてつぶしてしまわなければならないものとかを引き出します。それらを黒板に書いて、これとこれとはにているから一つ問題にするとか、これとこれは関係があるから、そばへ並べて書いていくとか、これには○印、これには◎印をつけておこうとか、子どもたちと話し合いながらやっていきます。

これが学級問題の整理ですが、そういう整理をしていく中で、だんだんと学級問題が明確になっていくわけですね。子どもたちも、一斉学習での学習意欲をわかしていくわけです。そういう作業をするなかで、教えるものは教えてしまうわけです。

これでだいたい学級問題ははっきりしたと思いますが、ひとつ進めてみてください。「なんともかとも」など、非常にむずかしいわけですね。むずかしいから、これは先生が教えてしまってもいいんですね。生徒は何て言ったのですか。

45 教師 とても貧乏だ。

46 斎藤 「とても貧乏だ」なら、「とても貧乏だ」と、文章に書けばいいわけですね。それが「なんともかとも貧乏」となっているとこを考えるわけですよ。

「なんともかとも貧乏」というのは、「なんと言ったらいいかわからない、いいようがないほど貧乏」ということなんだよ。

この場合、言っている人は、うれしがっているの、かなしがっているの。

47 子ども かなしがっている。(口々に)

48 斎藤 そうだね。かなしがり、心からあわれみ、いたわっているんだね。

みなさんのお友だちがけがをしたとき、みなさんが自分もけがをしたようになって、涙がこぼれそうになるときがあるね。この場合だって、「あるところに、なんともかとも貧乏な百姓がひとり、住んでおった」と言ってる人は、自分もせつなくなり、同じような気持ちになっている。

　そうするとここは、どんなふうに読んだらいいだろうね。〈あるところに／なんともかとも貧乏な〉（早口で、非常に傍観者的に呑気な調子で読む）とは読まないね。〈あるところに／なんともかとも貧乏な／百姓がひとり住んでおった〉（しみじみと、自分に訴えるような調子で読む）自分もそういう気持ちになり、自分の気持ちをお百姓さんにやるような気持ちになって読まなければだめですね。そのお百姓さんを、よそから見ている人が、非常に気の毒な可哀想な気持ちになっているのですよ。

　そのくらいお百姓さんはひどい貧乏だった。ところがお百姓さんはどうだったろうね。「貧乏で、涙がこぼれる」なんて思っていたのかね。

　そんなことも頭の中に入れておいて、後のことやってください。

**Q13**　**48斎藤の介入で、子どもに読ませるようにするにはどんな指示が適切でしょうか。**

49　教師　どうして大きな家にとまらなかったんだろうという人がいました。

50　斎藤　（教師に）この問題も、組織学習の中で、早くつぶしておくとよかったですね。まあ、今日はやってみてください。非常に通俗的なものが出てきますから。

**Q14**　**50斎藤で言っている意味は何でしょうか。通俗的とは60、64の内容のようなことを言っているのでしょうか。**

51　教師　ええとね、里美さんが、どうして大きな家にとまらなかったんだろうと書いていたね。里美さんはどう思ったのかな。どう思ってとまらなかったと思ったの？

52 子ども　ああ、ええとも、おらとこは貧乏で……（声が小さくてあまりわからない）

53 斎藤　よく聞こえなかったから、今の人、もう一回言ってごらん。昨日言ったように、息を吸って、みんなに聞こえるように言ってください。

54 子ども　ああ、ええとも、おらとこは貧乏でなんにもないが、まあとまってくれ、と親切に言ったから。

55 斎藤　よくわかったね。あんなにいい声この人は持っているんだよ。こんなにいい声持っているのに、さっきのはわからなかったでしょう。

今この人はここ（背中をさして）つかったね。背中をつかったから、よくわかる声が出た。もう一回言ってごらん。もっとよくなるよ。口をあけて胸をひろげると、もっとわかりやすくなるから。はい。

56 子ども　ああ、ええとも、おらとこは貧乏でなんにもないが、まあ、とまってくれ。

57 斎藤　その後は何？

58 子ども　とまらせてくれた。

59 斎藤　そう言ってとまらせてくれたから、大きな家へとまらなかったんだと言っているのだね。

そういう考えもできますよ。だが少しおかしくない。みんなはどう？　この人はお百姓さんが「おらとこは貧乏でなんにもないが、まあ、とまってくれ」と、やさしく言ってくれたからと言ってるのだが、そう言ってくれるかどうか、行ってみなければわからないよ。「なんだこんな貧乏な家へ来て、食べるもんもなにもありはしない」とお百姓さんに大きな声でどなられてしまうかわからないんだよ。

あそこに大きな家があるな、こっちにも家があるな、こっちの家は貧乏らしいな、けれども、大きな家は犬がいるからいやだな、なんて考えてから、貧乏な家のほうへ行ったのだか、それとも、とぼりとぼり歩んで、もうどうにもならなくなったとき、貧乏な家だけが目についたのだかわからないよ。

60　参観の女の先生　大きなおうちと、そのお百姓さんのおうちは、どんなところにあったの？　はなれていた？

61　子ども　いいえ。

62　参観の女の先生　となりだったよね。だからどっちに入ってもよかったのよね。で、どうしてこっちに行ったかということは、親切にするかどうか、まだわかんないもん、入ってみないとね。それで、大きなのと二つならんでいるときに、どうして小さいほうを選んだのかなあと考えたら。

63　子ども　お金がないから。

64　参観の男の先生　大きな家だととられるかもしれない。

65　斎藤　そういうこともありますね。（教師に）だがこの問題はやはり、深追いしないほうがよいのですね。一斉学習での学級問題としては出さないほうがよい問題なのですね。文章には、大きな家とくらべて小さな家に行ったとはどこにも書いてないわけです。自然に素直に考えれば、疲れてきて、歩くことができなくなったとき、たまたま家があったから入ったとしたほうがよいかわからないいんです。文章で考えるとそうですね。

（朗読）〈ある冬のもう暗くなったころに／ひとりの旅びとが／とぼりとぼり雪の上を歩んできて〉……「とぼりとぼり」というと、もうさびしい、かなしい、苦しい気持ち、寒くて仕方がなくて、やっと歩いているんだよ。

そしたらそこに家があったので、ああ助かった。この家でとめてくれればいいなあ、こんなに寒くてこごえ死にそうだ。だから、どこでも屋根さえあればいいんだと思った。だから旅人の言った言葉は、「どうだろうか、おらをひとばん、とめてくれるわけにいくまいか」なんだ。私をひとばんとめてくれないでしょうかと言っている。「おれをひとばんとめてくれ」（大へん大きく強くいう）といばってるんではないね。「とめてくれるわけにいくまいか」と言っている。（教師に）どうして大きな家にとまらなかったのだろうか、というのを課題にすると、理屈になってしまうことがある。だからこういうものは、個人学習なり組織学習なりでつぶしてしまう。今日は練習だから、そういうことをみなさん（教師）は理解した上で、次の問題をやってみてください。

**Q15** **65斎藤では、子どもの発達段階を考慮して、また文章の解釈が読みからも不明であることから、このような介入をしていますが、この介入からどのような知見が得られますか。**

66 教師　じゃあね、どうして大根を一本ぬすんできたのかという問題ですが、どうして大根を一本ぬすんできたのだろう。椋尾さん。

67 子ども　旅人に何にもしてやれるものがないから。

68 斎藤　めんどうくさいから、ついでに一〇本ぐらいもってきたほうがいいじゃない。それをどうして一本だけ盗んできたのかというの。……これあなた（椋尾さん）が問題をつくったの？（子ども「はい」）あなたはどういう答えを出したの？

69 子ども　旅人に、旅人だけに食べられるだけあればいい。

70 斎藤　どうして旅人だけ。自分もいっしょに食べればいいじゃない。

71 子ども　この紙（プリント）に「しかたがない」と書いてあるから、どろぼうをすると悪い。

**Q16** **百姓の言った言葉「しかたがない」というキーとなる言葉とむすびつけて百姓の気持ち、旅人に対する気持ち、心の葛藤をさぐっていくような授業展開を考えるとどのような発問系列が考えられますか。**

①

②

③

Q17　68、70斎藤の介入で、否定的な問いかけをしていますが

①　この意図はなんでしょうか。

②　子どもからどんな反応・応答を引き出そうとしたのでしょうか。

①

②

72　教師　しかたがないって何を？　何がしかたがないの。

73　斎藤　（教師に）それはもう、わかってやるほうがいいですよ。この子は、大へんいいことを言っているんです。「しかたがない」って書いてあることを根拠にしている。そのあとつけ足して、「どろぼうをすると悪い」と言ってるんだから、これ以上確かなことはない。そういうことには感動してやるとよい。感動して、その感動を通して、その発言のなかにあるものをみんなに伝えてやるといいですね。この子はいまこういう大事なことを言ってるんだと、課題をここでつくって考えさせていくといい。

Yさん（若い男の先生）交替してやってみてください。この子の発言をもとにして。

74　Y先生　椋尾さんはね、「しかたがない」って言ってるね。どろぼうをしてはいけないんだけど、しかたがない。大根をほんとうは十本も二十本も盗んでね、それを食べてもいいんだけれどね、でもこの百姓、そんなことしなかったね。そうだろう。だから旅人に食べさせるだけでいいという……

75　斎藤　それではこの子の発言をもとにしての課題をちっとも出してない。ただこの子の言ったのを、その通りにくどくど言っているだけですね（参観者笑い）。何にも言ったことになってない。この子は核心をぴしゃっと言ってるわけです。それをもとにして、みんなで考える対象になる新しい課題をつくって子どもの前に提示し

なければ。
76　Y先生　そしたらね、あの百姓はね、このとき大根やきをいっしょに食べたのか、百姓も食べたのか。
77　子ども　いいえ。
78　Y先生　一本ぬすんできたね。
79　子ども　旅人に食わしてやった。
80　Y先生　旅人に食わしてやったとあるね。そこで（このあとテープ不明）お百姓は、君たち読んできただろう。
81　斎藤（教師に）これでは授業は前進しませんよ。子どもはこれだけいいことを言ったのに、ここまででしかひろがらない。これだと教師としての作業は何にもできないから、授業が平板になってしまう。子どもが間違ったことを言っても、いいことを言っても、実質的には無視されてしまっているから、子どもは言し放しになり、授業が発展していかないですね。
もう少しふくらませてみてください。

Q18　75斎藤の介入は74Y先生に対するコメントで、さらに81斎藤で「これでは授業は前進しませんよ……」と言っています。どのようにすれば授業が前進するでしょうか。
①
②

81　Y先生「一本ぬすんできて」とあるけれども、この盗んでくるとき、百姓の気持ちはどうだったろうね。
83　斎藤　そうじゃなくて、この子は「しかたがない」ということを証拠として出しているんです。その証拠を明らかにしてやり、ふくらませてやらないと。
84　Y先生　ええと、それではね、最初のほうにね。「ろくにないぐらいのもんだったが」とあって、その次の次の行には、「おらとこは貧乏でなんにもないが」とあるのね。それから「何ひとつ」

と書いてあるね。そしたら全然ないということわかったわけだね。最初から、とめるかとめないかのとき、ええともと言ってるとき、何にもないというのはわかっていたのか。

85 斎藤　それではつながらないですね。「しかたがない」と言っているんだから、この「しかたがない」の背景はどういうことなのかはっきりさせないと。

「しかたがない」というときは、大へんな思いなんだよ。「しかたがない」……（子ども「どうしようもない」という）大へん重い言葉ですね。「しかたがない」というのは。「しかたがない」の前はどうなってます。

Q19　Q18と関連して「しかたがない」という言葉をキーとしてどのように働きかけていったらよいでしょうか。具体的な発問系列を考えてください。

①

②

86 子ども　何ひとつ旅びとにもてなしてやるもんがない。

87 斎藤　そうですね。そのあと、「それで、しかたがない」となっている。

（教師に）この子（71の子ども）は大事なことを言っている。

※　以下の授業記録は略。

Q20　73斎藤、75斎藤、81斎藤、83斎藤、85斎藤と、71子どもの発言を授業展開の契機とすることを繰り返し述べています。教師たちの教材解釈の貧弱さがこの事態をつくっています。Q16、Q18、Q19と関連して、「しかたがない」をどのように解釈しますか。また、その解釈を板書にすると、どのような板書になりますか。

# 井上さんから学んだこと

井上さんは二〇〇〇年八月四日に亡くなられた。亡くなられる少し前に、八月二八日から名古屋大学で開かれる日本教育学会第五九回大会のプログラムが送られてきていた。井上さんと私の自由研究の発表が同じ二九日・同じ部会に設定されていた。

私は大阪大学の井上さんの講座にいる大学院生さんに「井上先生の自由研究発表要旨の原稿を送って欲しい」と依頼した。送られてきた原稿を見て「これなら井上さんが問いかけたかったことや伝えたかったことを的を大きく外れることなく代わりに発表ができる」と考え、大会実行委員会に事情を話して「代役発表ができるかどうか検討して欲しい」と願い出た。後日大会実行委員会から「当日、部会で北川会員が願い出て、司会者が部会参加者に諮り、その部会で了解されれば代役発表は可能」との返事を頂いた。

発表当日の案内掲示に「井上会員の発表を代わりの会員が発表することもある」との大会実行委員会の配慮もあり、部会参加者の了解も得られた。私は私の発表後黒いネクタイに締め換えて代役発表を行った。

その代役発表の時に配布した発表資料の一部をここに載せ、私が井上さんから学んだことを残しておきたい。

## 1　井上の姿勢・願い

井上は「教育実践を対象化し、授業という現象への新しい切り込み口をさがさなければならない。授業研究や教育実践の分析の新しい方法論を提案していかなければならない（『斎藤喜博の授業論に関する総合的研究』・平成四年度科学研究費助成金　総合研究（A）研究成果報告書）」ということを論文に繰り返し書き、私にも幾度となく語っていた。

## 2　井上の提案・その1……キーワード・キーシーン抽出・構造化法

### キーワード・キーシーン抽出・構造化法の研究開発（1）

〈あらまし〉ある文章や物語を分析する際、その内容を特徴づけ、代表するキーワードを抽出・同定し、そのキーワード群をある仮説に基づいて構造化すると、その文章や物語の意味、内容、意図を浮き彫りにすることができる。その方法を拡張して、映画、テレビ番組等に適用できるとの知見を得たので報告する。

〈キーワード〉文章分析、メディア分析、キーワード抽出・構造化法、キーシーン抽出・構造化法

### (1)　キーワード・キーシーン抽出・構造化法の開発

キーワード抽出・構造化法は、今から二〇年ほど前、文部省科学研究費補助金「教育工学研究の

体系化に関する総合的研究」（研究代表者、成瀬正行）、および「教育工学シソーラスの開発」（研究代表者、深谷哲）の研究作業の副産物として開発された方法で、今日、深谷・井上の共有財産となり、言語工学の基本的な方法論ともなっている。

この方法は、ある文章（物語でもよい）から、その内容を的確に表現している代表的なキーとなる言葉を抽出・同定し、それらのキーワードの構造化をはかる。

### （2）キーワード抽出・構造化法の手順

①　対象となる文章・記述を決める（想いのこもったものがよい）。
②　文章・記述を特徴づけるキーワードを抽出する（一つのセンテンスでもよい。数は特定しない）。
③　抽出したキーワードをいくつかのカテゴリーに分ける。作業仮説をつくりカテゴリーを決めていき、一覧表にまとめる。
④　階層性、近接、類似、並列、反対、対比、逆、分岐、統合……いくつかのキーワード間の関連構造をつくってみる。
⑤　主要キーワード群を明確にしていく。
⑥　文章・記述をキーワード群に照らしてもう一度読み直し、本質的な意味・意図をとらえ直す。
シンボル（キーワード）操作＝思考
⑦　浮かび上がってきた意味・内容・意図を文章としてまとめる。このときCitation Indexをする。

図１　キーワードの構造化の手順と方法

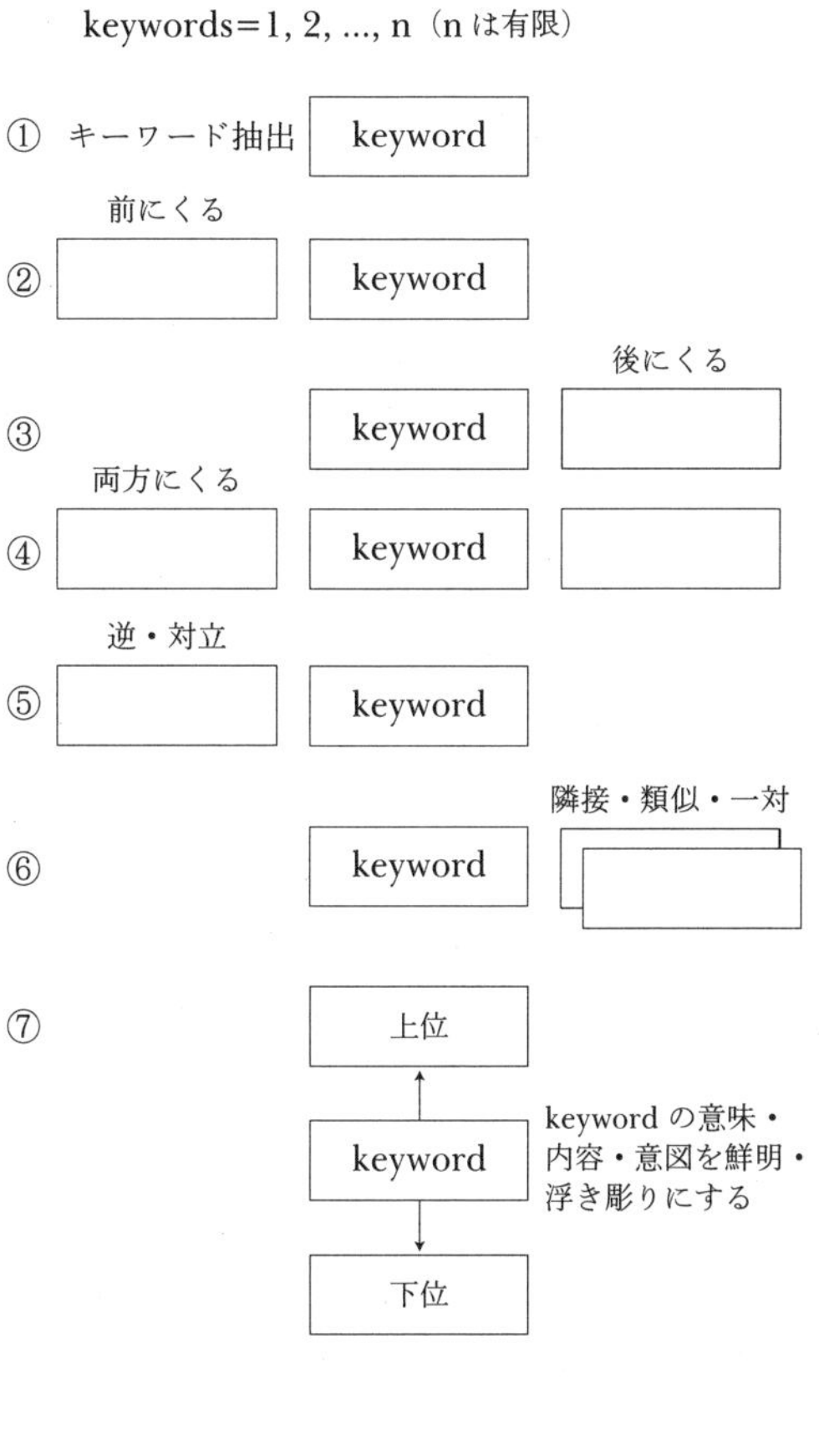


### （3）キーワード抽出・構造化法の適用の条件

キーワード抽出・構造化法を適用する際、いくつかの条件がある。

① メディアの分析も同様な方法と手順で分析することができる。

　キー場面（シーン）の抽出

② この方法を適用できない者

　手抜きをしてごまかす

　「このくらいでいいや」……ダメ

　実存的現象学的アプローチ

心をまっさらにして直視する
ズボラな仕事をする
ドクサ（先入観）が多い
ソクラテスの弁明・問答を自分でやる……シミュレーションに通じる

③ 筋の悪いものは適用しても成果は得られない。筋のよい研究は、それをやりとげることによって、いくつかの課題が見つかる。

④ 教えられて獲得できる知識・技術・方法と、自ら求めてはじめて獲得できる知識・技術・方法とがある。この方法は後者である。

⑤ あることを学ぶことによって、邪魔になることがある。これを除く。

⑥ 学問は真正面から取り組む。からめ手は傍証であるが、重要な役割を果たす。いらない変な情報・流行に惑わされるな。

⑦ すべてのことは自らに問い直し、身体を通して考える。この方法が実感としてわかるようになる。

### （4）キーワード抽出・構造化法のしかけ――シンボル操作の原理

キーワード抽出・構造化法には、次頁表1のような現実の世界をシンボルの世界に変換する原理がある。

〈注〉1、E・デールの視聴覚教育論、ピアジェの発生的認識論も同様である。
2、思考はシンボルの操作であり、創造・独創・予測・見通しができる。

表1　シンボル操作の原理表

| 現実の世界 | 変換 | シンボルの世界 |
|---|---|---|
| かけ算<br>わり算 | 対数表<br>$\log_2 x$ $\log_{10} y$ $\log_e z$ | たし算、ひき算<br>ロガリズム<br>対数の世界 |
| システム制御系<br>微分方程式<br>積分方程式<br>I, C, L, V, R | ラプラス変換表<br>d/dt = S<br>アナロジー<br>シミュレーション | G（s）<br>かけ算、わり算<br>伝達関数の世界<br>（虚数の世界） |
| 文章、記述、物語 | キーワード抽出<br>（あるいはセンテンス） | キーワード構造化<br>カテゴリー化<br>キーワード（シンボル）操作 |
| メディア<br>絵画<br>写真<br>マンガ<br>アニメーション<br>演劇<br>映画<br>ビデオ | キー場面抽出<br>（映像は言葉である。<br>写真は言語である） | キー場面のしかけ、<br>シナリオ<br>（ストーリーではない） |
| 見える世界<br>感じる世界<br>（生きることは感じる<br>ことである） | 言語体系<br>（人間の脳、五体、五感） | シンボル操作<br>（言語、感性） |

私は井上に学びながら「キーワード・キーシーン抽出・構造化法」を私の理解において『未来につながる学力』（「やや長いあとがき」部分を除く）の分析を行った。【図2】

この分析を通して、私は『未来につながる学力』の提案した授業観の本質的な特徴として次のように結論づけた。

「授業には教科指導の面と生活指導の面が分かちがたくある。『未来につながる学力』が提案した授業は、子どもを教育するということを全体としてとらえる授業＝教科内容の生活指導面（訓育性）も重要であるが、それに増して、子どもの活動のあり方を生活指導面から明確に意識して、教科指導との同時化を目指す授業である。」

井上は『『子どもを教育するということを全体としてとらえる授業』という言い方は『たおやか過ぎる』』と言ったが、分析と結論には異論を呈さなかった。

## 3　井上の提案・その2――『島小研究報告』の研究

井上が「原資料」としての『島小研究報告』を発掘し、それが複写されて閲覧・公開が可能になったのは数年前であり、「『島小研究報告』の研究」も端緒についたところである。

わずかな『島小研究報告』の研究

①「島小研究報告　別巻解説」（監修・横須賀薫、一九九五年、大空社）に「解題　『島小研究報告』の内容と意義」

②『新しい学力観に基づく島小学校の授業分析　海東照子の家庭科実践を通して』永田智子・井

図2

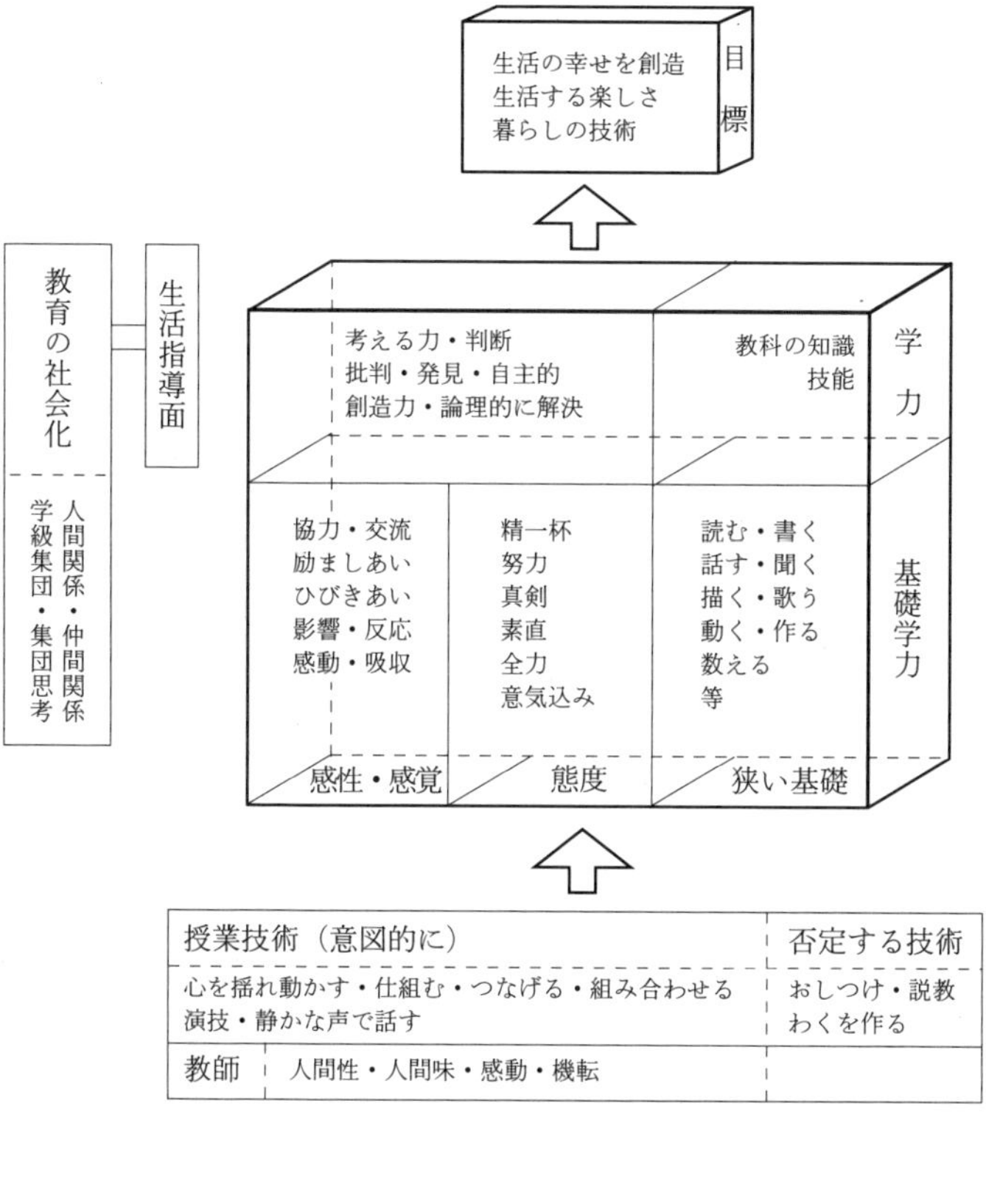
生活の幸せを創造
生活する楽しさ
暮らしの技術
目標
教育の社会化
人間関係・仲間関係
学級集団・集団思考
生活指導面
考える力・判断
批判・発見・自主的
創造力・論理的に解決
教科の知識
技能
学力
協力・交流
励ましあい
ひびきあい
影響・反応
感動・吸収
精一杯
努力
真剣
素直
全力
意気込み
読む・書く
話す・聞く
描く・歌う
動く・作る
数える
等
基礎学力
感性・感覚
態度
狭い基礎
教科指導面
教育の個人化
知識・技能・能力
授業技術（意図的に）
心を揺れ動かす・仕組む・つなげる・組み合わせる
演技・静かな声で話す
否定する技術
おしつけ・説教
わくを作る
教師
人間性・人間味・感動・機転

## 表2 『島小研究報告』一覧

| | | 発行年月 | 標　題 | 執　筆　者 | 備　考 |
|---|---|---|---|---|---|
| 北川 | 第1集 | 1953.2 | 私たちの実線記録から | 金井栄子・船戸咲子・柴田信子<br>柴田梅乃・桜井恒有 | |
| | 第2集 | 1954.10 | ノートから | 赤坂里子・井上光正・桜井恒有<br>柴田梅乃・大澤清剛・加藤とみ子<br>田島冨佐子 | |
| | 第3集 | 1954.11 | 島小へ赴任しての印象 | 赤坂里子・金子緯一郎・武田常夫 | |
| | 第4集 | 1955.5 | この三年間で得たもの | 武田常夫・船戸咲子・赤坂里子<br>柴田梅乃・大澤清剛・木村悦三<br>井上光正・金井栄子・加藤とみ子<br>茂木平八・田島冨佐子・金子緯一郎 | |
| | 第5集 | 1955.6 | 島村の子どもを生々させるために　その実態調査と対策 | (島小学校) | 群馬県教員組合発行 |
| | 第6集 | 1955.9 | 二人の記録 | 武田常夫・金子緯一郎 | |
| | 第7集 | 1955.10 | 脚本・記録集　庭から生まれたお蚕 | 金子緯一郎 | 群馬出版社発行 |
| | 第8集 | 1955.11 | 島小の職場づくり | 船戸咲子・金子緯一郎・赤坂里子<br>井上光正・栗田梅乃 | |
| | 第9集 | 1955.11 | 私たちの図画指導 | 金井栄子・大沢清剛 | |
| | 第10集 | 1955.12 | 作曲集・細い道 | 赤坂里子・武田常夫・井上光正 | |
| | 第11集 | 1955.12 | 島小詩集 | 栗田梅乃・金子緯一郎・金井栄子<br>加藤とみ子・田島冨佐子・井上光正<br>船戸咲子・大澤清剛・茂木平八<br>杉本和子・木村悦三・海東照子<br>武田常夫 | |
| 井上<br>永田 | 第12集 | 1955.12 | 針を持たない家庭科教師　小学校の家庭科の実践記録 | 海東照子 | |
| 山口<br>西森 | 第13集 | 1956.11 | 基礎学力と教育技術 | 船戸咲子・大沢清剛・金子緯一郎<br>井上光正・武田常夫 | |
| | 第14集 | 1956.11 | 年中行事と学習の脚本 | (海東・金子など) | |
| | 第15集 | 1958.3 | 保育園と小学校のつながり | 赤坂里子 | |
| | 第16集 | 1958.4 | 島村の子ども会 | 海東照子 | |
| | 第17集 | 1958.8 | 学級づくりの記録 | 武田常夫 | |
| | 第18集 | 1958.11 | どどめジャムの子の学級づくり | 海東照子 | |
| | 第19集 | 1959.9 | 科学的認識への指導 | 児島環 | |
| | 第20集 | 1959.12 | 島村小史 | 金子緯一郎 | 『上州島村史話　利根川と蚕の村』1979<br>上毛新聞社 |
| | 第21集 | 1960.11 | 九年間でこれだけ | 武田常夫・柴田梅乃・滝沢友次<br>金子緯一郎・井上光正・岡斧忍<br>杉本和子・海東照子・船戸咲子<br>赤坂里子・金井栄子 | |
| | 第22集 | 1960.11 | 心の窓をひらいて | 斎藤喜博 | 『斎藤喜博著作集3』<br>1963.4、麦書房<br>『斎藤喜博全集3』<br>1970.3、国土社 |

上光洋（『教育方法学研究　第二一巻』日本教育方法学会、一九九六年）……第一二集の分析

③「島小研究報告第一三集『基礎学力と教育技術』の分析」山口好和・西森章子（日本教育学会第五五回大会・自由研究発表、一九九六年）

④今回。第一集から、金井栄子の「表現欲を育てるために」の分析

表現欲を育てるために
第一章　一年生の姿
一　家庭環境から
二　部落別に異なった子どもの傾向
三　身体状況から
四　実践記録から
第二章　指導の実際
一　どんな子どもに育てたいか
二　絵日記の指導
三　実践記録から
第三章　環境の整理
一　貧弱な学校施設
二　利根川の利用
三　実践記録から

第四章　結論
一　表現欲を満足させる指導とその欠陥
二　田島清子を指導して
三　絵の指導から得たもの
1　無口な子の生活指導
2　学習用具の社会化

※「第二章」について、キーとなる語句を抜き出し、整理して構造化してみた。【図3】
※ここに、「取り立てて生活指導などということは必要ない」とする斎藤喜博の授業論の萌芽、『未来につながる学力』の分析を通して私が明らかにした「どの授業過程の断面においても、教育の個人化と教育の社会化を一体化させる」という授業方法論の萌芽を認めることができる。同時に、教師が子どもを抑圧しない、開放するという姿勢、そのために独自な工夫を行うという教師論が基盤になっていることも認めることができる。

## 4　井上の提案・その3——教授行動の選択系列のアセスメントによる授業分析の方法

井上が斎藤喜博の「横口授業・介入授業」の分析を通して開発した授業分析方法である。「授業の実践的能力や授業技術の分析研究や訓練方法として、マイクロティーチング、シミュレー

図3

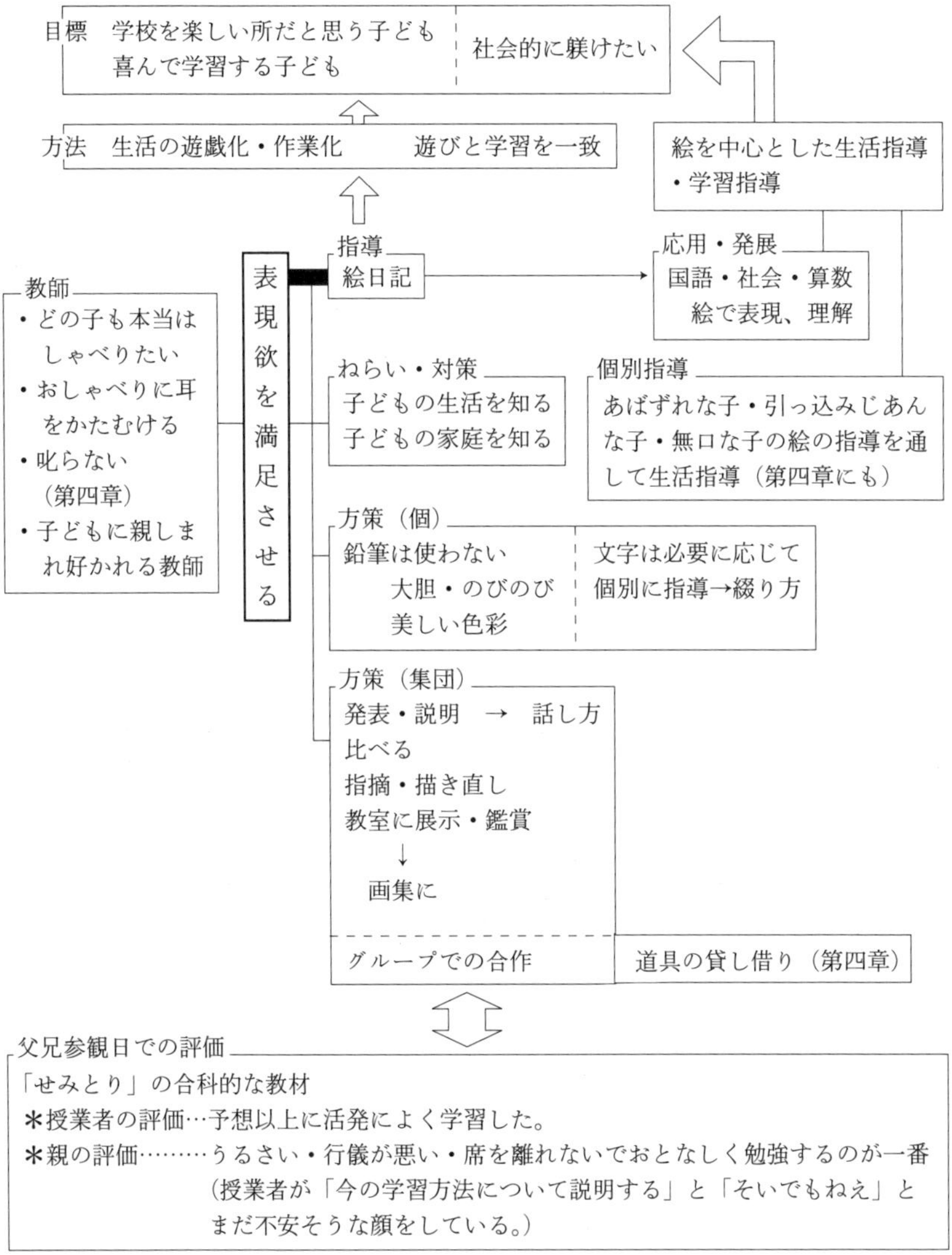
目標　学校を楽しい所だと思う子ども
喜んで学習する子ども
社会的に躾けたい
方法　生活の遊戯化・作業化　　遊びと学習を一致
絵を中心とした生活指導
・学習指導
表現欲を満足させる
指導
絵日記
応用・発展
国語・社会・算数
絵で表現、理解
教師
・どの子も本当はしゃべりたい
・おしゃべりに耳をかたむける
・叱らない
（第四章）
・子どもに親しまれ好かれる教師
ねらい・対策
子どもの生活を知る
子どもの家庭を知る
個別指導
あばずれな子・引っ込みじあんな子・無口な子の絵の指導を通して生活指導（第四章にも）
方策（個）
鉛筆は使わない
大胆・のびのび
美しい色彩
文字は必要に応じて
個別に指導→綴り方
方策（集団）
発表・説明　→　話し方
比べる
指摘・描き直し
教室に展示・鑑賞
↓
画集に
グループでの合作
道具の貸し借り（第四章）
父兄参観日での評価
「せみとり」の合科的な教材
＊授業者の評価…予想以上に活発によく学習した。
＊親の評価………うるさい・行儀が悪い・席を離れないでおとなしく勉強するのが一番
（授業者が「今の学習方法について説明する」と「そいでもねえ」とまだ不安そうな顔をしている。）

ション、ゲームなどさまざまな方法が提案されてきている。しかしながら、これらの方法は教師や教育実習生が自分の教授行動を変容でき、授業技術を改善し、さらに自分自身の対応行動のレパートリーを拡大していくという目的に対して、養成段階では一定の役割を果たすが、日本においては、教師となってからの自己研修・研究に結び付けにくい方法である。実践的能力を高めていくような目的に対しては、結果の良し悪しといういわゆる評価（evaluation）よりも、教授・学習過程のそれぞれの時点で取ることが可能な授業展開と教授活動を予測し、その中から最適なものを選択していくという教授活動の選択に焦点を当てた評価（アセスメント　assessment）の概念を適応したほうがより適切であると考えられる。」

「これ（教授行動の選択系列のアセスメント）を写真集『未来誕生』にある授業記録に適応して、授業過程の枠組みを模擬・復元することができた。この方法は、他の授業の分析、授業研究、授業改善にも適応でき、有効な授業研究方法であるとの知見を得た。」（『日本教育工学雑誌 Vol.18』一九九五年）

**(1)『未来につながる学力』の中の記録を例に「教授行動の選択系列のアセスメント」について解説する。**

> 「は」と「が」のちがい　　　　　　　　　　金　子
>
> 「山の友だちから、海の友だちへ」という手紙文を文段に分けて書いてあることをまとめていった時です。第二段階のまとめを好美ちゃんは、次のように小黒板に書いて発表しました。

海の近くに住んでいる友だちは、「山にかこまれた町の友だちが、海をしらないのか」

と思っていること。

ところが好美ちゃんは、いつものくせがでて、早口に読んでしまったので、みんなは、この文章がうまくのみこめないような顔つきをしました。

ちょうどその時、授業を見に来ていた斎藤さんが、

「もっと、ゆっくりじょうずに読める人はいないかな」

といったので、私は、朗読のうまい睦ちゃんに読ませました。睦ちゃんは、慎重に読み始めました、の所ははっきりと切り、「　」の中は、特に抑揚をつけて読みました。

「こんどはどう?」

「わかった」

と子どもたちが答えます。でも、どうも子どもたちの雰囲気が変です。本当にわかっていないらしいのです。すると、さっきからしきりに考えていた斎藤さんが、

「あのね。これがわかりづらいのは、文章が少し、ごたごたしすぎるんだね。こんなふうになおしてみたらどう」

といって、チョークを持ち、
海の友だちが、「山にかこまれた町の友だちは、海を知らないのか」と思っていること。

と書き直して、

「さあ、どっちがいいか、考えてごらん」

といって、教室を出て行きました。

<table>
<tr><th>子ども</th><th>金子</th><th>斎藤</th></tr>
<tr><td>好美ちゃん・早口で読んだ<br>みんなはうまくのみこめないような顔</td><td>「見えて」いる</td><td>「見えて」いる</td></tr>
<tr><td></td><td colspan="2">金子に「見えた」ことと斎藤に「見えた」こととには違いがある。<br>金子　早口に読んだので、好美ちゃんの文を理解できていないと見た。<br>斎藤　早口に読んだので、問題点（助詞の使い方の誤り）を指摘できないと見た。</td></tr>
<tr><td></td><td>対応が判らず一瞬困惑している</td><td>困惑している金子を「見た」<br>横口<br>「もっと、ゆっくり上手に読める人はいないかな」<br>※　斎藤の蓄積された経験からの教授行動<br>※　井上ならば他の資料などからいくつかの教授行動を推測しこの教授活動を選択したと結論づけるであろう。</td></tr>
<tr><td></td><td>睦ちゃんを指名</td><td></td></tr>
<tr><td>睦ちゃんの朗読は上手</td><td>「こんどはどう？」</td><td></td></tr>
<tr><td>「わかった」</td><td></td><td></td></tr>
<tr><td></td><td>「ほんとうにわかっていない」ことは「見えて」いるが、対応できず困惑している</td><td>「ほんとうにわかっていない」ことは「見えて」いる。<br>上手に読むのを聞けば問題点を指摘できると見通したが、結果がでなかった（評価）ことで、「さっきからしきりに考え」る。<br>※　私はここで考えていた教授行動として次の三つを想定した。<br>※　井上ならば他の資料などからもっと数多くの教授行動を推測し得たであろう。<br>○　「内容は別として、文として正しくない。言葉の使い方に間違いがある」と発言する。<br>○　子どもが問題点を指摘しやすくなるような朗読を自ら行う。<br>◎　「海の友だちが『山にかこまれた町の友だちは、海をしらないのか』と思っていること」と板書し、「さあ、どちらがいいか、考えてごらん」と発言する。<br>※　斎藤は考え得るいくつかの教授行動から◎印の教授行動を選択した。</td></tr>
</table>

授業展開の予測と教師の意思決定（教授行動の選択）に基づく
「教授行動の選択系列のアセスメント」のための授業モデル

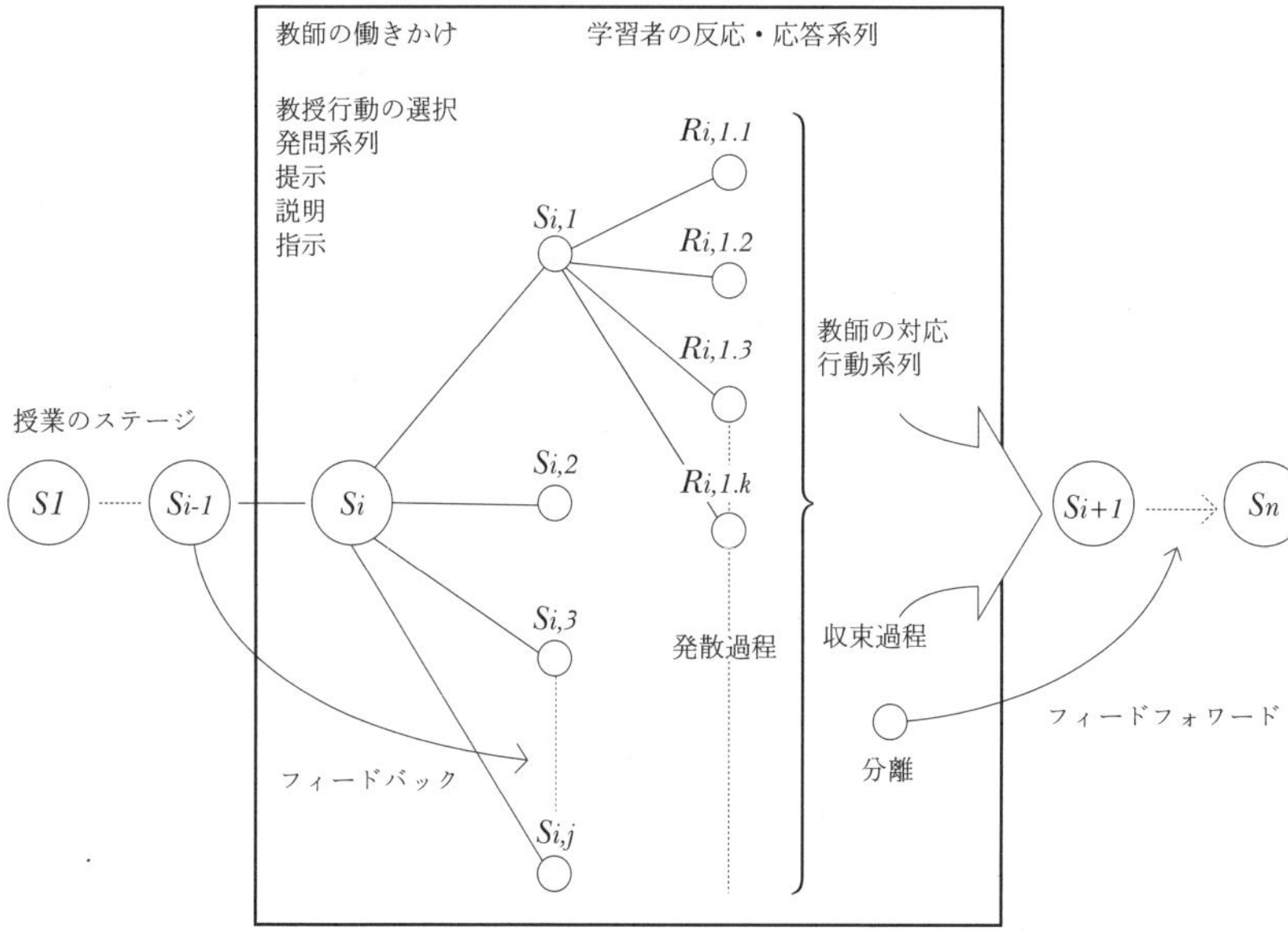


$Si$　：意思決定をする授業のある状態
$Si,j$　：可能な教授行動の選択行動の選択肢と選択行動
$Ri,j,k$：予想される子どもの反応と反応系列

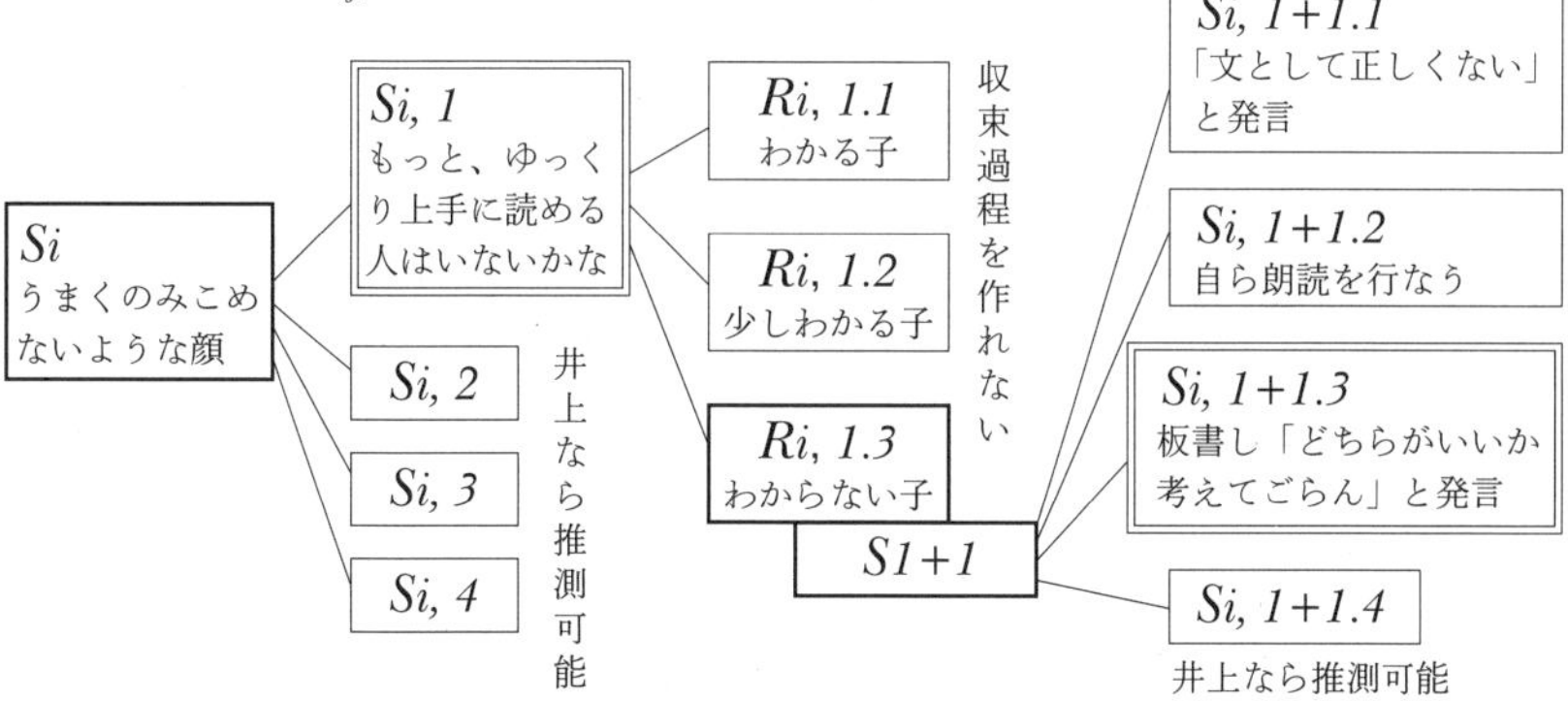

## (2) 授業過程の枠組みを模擬・復元

井上は、未公開の原資料や傍証資料も含めた多数の資料から、記録にある教師の発問、子どもの反応・応答など、それに対する教師の対応行動を、写真や映像資料と突き合わせ、教授モデルに一つ一つ当てはめていくという作業を通して、授業過程の枠組みを模擬・復元することに精力的に取り組んだ。代表的な取り組みとして、「国語科授業『山の子ども』」・「社会科授業『みち』」・「国語科授業『天下一の馬』」・「国語科授業『美を求めて――レオナルド最後の晩餐』」などがある。「みち」の復元記録を贈られた授業者杉本和子は「授業を全く見ていない人がどうしてここまで正確に復元できるのか」と驚いたことを井上は私に嬉しそうによく話をした。

# 5 代役発表の終わりにあたり

井上さんがこの一年ほどの間に、次のような話を繰り返し私にしたことを鮮明に思い出します。

「高橋金三郎は、斎藤喜博に授業記録を残すことを勧めた。授業記録を化石になぞらえて、高橋は斎藤に『現在は過去の鍵である。現在の生物学の研究が発展して、古代の生物にまでその法則を適用することができた。そのような方法論を意識的に適用したからである』と進言した。数少ない化石から恐竜が復元できたし、いくつかの穴から邪馬台国時代の建物も復元できた。復元できるだけの研究がまっとうに発展してきたからだ。映像によるものも当然含めて、未公開の原資料も含めて、斎藤喜博の教育実践記録には『化石』がいっぱいある。けれども、教育学や教授学には『化石』を発見し、真実を解明できるだけの方法論も法則もない。僕は少しは努力したが、ようやく『斎藤喜博の教育実践』について整理しようかという見通しがついてきたところだよ」と。

「見通しがついてきたところ」で突然に逝ってしまった井上さんはさぞかし無念残念であったろうと想います。そして、「後は私に任せてください」などとは到底言えませんが、「井上さん、誰かがきっと受け継いでくれますよ」という言葉で代役発表を締めくくります。

## あとがき

井上さんは「ベテランの先生だからできるという面も確かに否定はできないが」と断りながら「他の教師にとっても同様に実現・実施可能であり、伝達できるもの」を「共通の財産にしていく」という研究姿勢を持ち続けた。そして、「教授行動の選択系列のアセスメントによる授業分析の方法」を開発し、それまでとは異なった「斎藤喜博の授業論」を明らかにしてきた。

井上さんの方法論の特長は、授業に限定しても、①授業設計において、②授業展開過程において、③授業参観において、④授業後の検討において、さらに、⑤参観できなかった過去の授業や離れた学校での授業の記録があればその記録の読み方において有効に使えるところにある。

例えば、①授業設計においてなら、このことについて、この発問をすれば、間違いも含めて子どもたちはどのような考えを出してくるだろう、幾つ出してくるだろうと予測する。そして、この考えとこの考えを取り上げれば子どもたちの考えの方向はこうなるだろうと予測する。それらが授業展開の青写真として書かれたのが授業案（学習指導案）である。「島小教育」前半での授業案の「この時間の計画」欄の形式は次のようであった。

| | | | |
|---|---|---|---|
| こちらでやること | 子どものうごき | めあて | 予想される問題点 |

井上さんは、この島小学校の授業案の原資料を幾つか集めていた。「教授行動の選択系列によるアセスメント」を使って分析する研究への見通しをもっていたと思われる。

また、②授業展開過程において井上さんが鋭く着目していたのは「斎藤喜博の横口・介入」である。

斎藤喜博は「見えることがすべてだ」と言ったが、そこに起こっていること生まれていることが教師に見えなければ適切な教授行動を起こすことはできない。見えたけれども適切な教授行動が起こせるとは限らない。「斎藤喜博の横口授業・介入授業」の記録から斎藤喜博にはそこに何が「見え」、横口を入れたのか・介入したのか、なぜその横口・介入を選択したのか……井上さんの鋭い着目点である。井上さんは「斎藤喜博はいくつもの引き出しをもっていた。同じ文章を読ませるにも、十通りくらいの指摘や指示ができたんだ」と我が事のようによく話していた。井上さんは、斎藤喜博が行った横口授業・介入授業の授業論と方法とを教育実習での指導や現職教員の研修に広げて行きたいという願いをもっていた。まさしく、斎藤喜博の授業論を「いま問い直す」であった。

⑤参観できなかった過去の授業として「大村はま」の実践にも大きな関心を寄せていた。「斎藤喜博の授業論」に一応の整理ができれば、「教授行動の選択系列によるアセスメント」を使って「大村はまの実践」を分析する研究に精を出したにちがいない。悔やまれ惜しまれる。

私は、現在、兵庫県下の公立、私立の看護専門学校で非常勤講師として「教育学」に関する授業を担当している。斎藤喜博は「芸術の本質はそのまま教育の本質とならなければならない」と「芸術的な感動をたたえた授業」を求めた。ナイチンゲールは「看護は一つの芸術」、ヘンダーソンは「看護における芸術的な仕事の仕方、芸術的な人間の結びつき」を説いた。斎藤喜博の理念を看護の世界に持ち込み、看護学校の授業の一こまで方法論として「教授行動の選択系列のアセスメント」について看護実践を例に話をしている。教師と子どもたちという関係がそのまま患者さんと看護師さんの関係には当てはまらないとしても、相手に起きていること生まれていることを見抜き、そこから適切な行動を選択して関わる点においては多く重なる部分があると考えているからである。私は、斎藤喜博の理念と井上さんの方法を紹介したくて「はじめに」に「井上さんの開発した『教授行動の選択系列のアセスメントによる授業分析の方法』は授業を越えた人間関係や生き方にも応用できる哲学的な方法であり、学校教育とは無縁な多くの人たちにも紹介したい」と記した。その「学校教育とは無縁な人たち」として看護師を目指している学生さん、スポーツに関わる人、音楽に関わる人、子どもの親等々を想い描いていた。

井上光洋さんの奥様の和枝様と息子さんの洋生《ひろたか》さんから「本人も後日にまとめるつもりでいたようで、光洋の、父の生きた証として『斎藤喜博・島小学校の授業』についての論文を一冊にまとめていただけないか」とご依頼を受け、今思えば恥ずかしい限りですが、その時は私の力量を考えることもせずお引き受けしました。やはり力量不定はいなめず、井上さんの提案された「授業分析の方法論」と井上さんが研究対象とされてきた「斎藤喜博」の授業論に関する論文を中心に編集する作業は遅々として進みませんでした。井上さんの研究業績を私は少しも理解出来ていないのではないかという不安、読んでくださる方に井上さんの研究業績を誤って伝えてしまうのではないかという不安が増すばかりで、編集作業を中断してしまうことも幾度となくありました。

このような私を励まし支えてくださったのは、一莖書房の斎藤草子さんでした。心よりお礼を申し上げます。そして、お名前は記しませんがお力添えや温かい励ましをくださった方々にも、編集実務に携わっていただいた方々にもお礼を申し上げます。

井上光洋先生のご命日八月四日を前に

斎藤喜博先生のご命日七月二四日を前に。

北川金秀

【著者】井上光洋（いのうえ　みつひろ）
1942（昭和17）年1月1日生まれ
東京工業大学理工学部制御工学科卒業
東京工業大学助手、東京学芸大学教授、大阪大学大学院教授、東京学芸大学名誉教授
国立大学教育工学センター協議会事務局長、日本教育工学会事務局長
日中理科教育（教育工学）協力事業団長、大学入試センター実施方法専門委員会委員
単著『教育工学』（教育学大全集第29巻、第一法規出版、1984年）ほか共編著、分担執筆、論文多数
2000年8月4日没・長男・洋生氏が再建した墓（佐賀県佐賀市）に眠る

【編者】北川金秀（きたがわ　かねひで）
1944（昭和19）年8月7日生まれ
神戸大学大学院教育学研究科修了
元・神戸大学教育学部（現発達科学部）附属住吉小学校教諭
現・兵庫県立総合衛生学院ほか看護専門学校「教育論関係」担当非常勤講師
日本教育学会1985年大会から1998年大会まで14回連続して自由研究発表「斎藤喜博の教育思想と教育方法」

いま問い直す「斎藤喜博の授業論」

2004年8月4日　第1刷発行

著　者　井上光洋
編　者　北川金秀
発行者　斎藤草子
発行所　一莖書房
電話 03-3962-1354
FAX 03-3962-4310

印刷／平河工業社　製本／新里製本
ISBN4-87074-135-0 C 3037